Kulinarische Köstlichkeiten

Fische

Alexander Ettl

Kulinarische Köstlichkeiten

Fische

Mit 75 pikanten Rezepten
aus aller Welt,
exklusiv fotografiert
für dieses Buch
von
Hans Joachim Döbbelin

SIGLOCH
EDITION

Die Abbildung auf Seite 2 zeigt die Tafel „Fischerei und Jagd am Achensee" aus dem Tiroler Fischereibuch, das im Auftrag Kaiser Maximilians I. 1504 von Wolfgang Hohenleiter geschrieben und von Jörg Kölderer illustriert wurde. Der Kaiser liebte diesen See besonders, weil er hier den Fischfang mit der Jagd auf Hirsch und Gemse verbinden konnte und anschließend mit seinem Gefolge im Fischereihaus bankettierte.

© Sigloch Edition, Zeppelinstraße 35 a, D-7118 Künzelsau
Sigloch Edition & Co., Lettenstrasse 3, CH-6343 Rotkreuz
Nachdruck verboten. Alle Rechte vorbehalten. Printed in Germany
Reproduktion: Otterbach Repro, Rastatt
Satz: Setzerei Lihs, Ludwigsburg
Druck: W. Kohlhammer, Stuttgart
Papier: 135 g/m² BVS der Papierfabrik Scheufelen, Lenningen
Bindearbeiten: Sigloch Buchbinderei, Künzelsau
ISBN 3-89393-062-0

Der Fisch, das unbekannte Wesen

Der Mensch spricht von „seiner" Erde. Dabei ist die Oberfläche der Erdkugel zu sieben Zehnteln von Wasser bedeckt, dem Lebensraum der Fische. Sie sind nicht nur viel zahlreicher als der Mensch, sondern waren auch viel früher da als er: vor 360 oder 400 Millionen Jahren, als an den Menschen noch lange nicht zu denken war.

Die Fische und sonstigen Wasserbewohner, Herrscher über eine Welt aus mehr als 1,4 Milliarden Kubikkilometer Wasser, sind zu einem großen Teil noch immer unbekannte Wesen. Erst vor etwa 200 Jahren begann eine systematische Meeresforschung, und ebenso jung ist das Verfahren, lebende Fische in Aquarien zu halten und sie zu beobachten, sich an ihnen zu erfreuen.

Wir wissen nicht einmal genau, wie viele Fischarten es eigentlich gibt. Jüngste Berechnungen sprechen von etwa 20 000, aber es können auch ein paar tausend mehr oder weniger sein, und jedes Jahr werden etwa hundert neue Fischarten entdeckt.

Rein äußerlich hat man die Fische längst zu beschreiben und zu kategorisieren gelernt. Aber schon bei den Sinnesorganen gingen die Meinungen lange Zeit auseinander. Sind die Fische wirklich stumm, wie eine alte Redensart behauptet? Nein, sie sehen nur so aus. Viele Fische können quiekende, pfeifende, schnalzende, knurrende, bellende, trommelnde, muhende und noch viele andere Laute von sich geben. Und es besteht kein Zweifel daran, daß andere Fische diesen unaufhörlichen Unterwasserlärm, den moderne Unterwasserhorchgeräte erstmals registrierten, auch aufnehmen und „verstehen", daß Fische also hören können.

Auch das Geruchsvermögen hat man den Fischen lange Zeit abgesprochen. Es steht noch nicht eindeutig fest, ob diese Einschränkung berechtigt ist. Schmecken können die Fische jedenfalls ausgezeichnet, und zwar nicht nur mit dem Gaumen, sondern auch mit Sinneszellen, die an den Lippen, den Flossenstrahlen und den Körperseiten angebracht sind und sofort melden, ob ein Gewässer süß, salzig oder sauer ist.

Fische sind also keineswegs gefühllose Lebewesen – ganz im Gegenteil. Sie verfügen zum Beispiel über eine Art sechsten Sinn, der es ihnen ermöglicht, auf die feinste Wasserströmung zu reagieren. Dieser Sinn, lokalisiert in den sogenannten Seitenorganen, informiert die Fische über Fließgeschwindigkeit und -richtung von Gewässern, über Soge und Wirbel, aber auch über die veränderten Strömungsverhältnisse beim Herannahen von Wasserfahrzeugen.

Dazu kommt ein hochentwickeltes Tastvermögen. Es registriert Erschütterungen des Wassers, die vom Land ausgehen. Deshalb verschwinden manche Fische vom Uferrand, wenn Schritte nahen – oder sie kommen ans Ufer geschwommen, wenn sie erkennen, daß nun der Mann mit dem Futter erscheint.

Als Nahrung hat der Mensch die Fische in der Jungsteinzeit entdeckt. Ein großer Prozentsatz der Menschheit ist von der Fischnahrung abhängig, müßte ohne sie verhungern. Folglich sollte der Mensch eigentlich alles tun, um den Lebensraum der Fische gesundzuerhalten, die Bestände pfleglich zu behandeln, mit Vernunft zu fischen. Im Widerstreit der biologischen mit den wirtschaftlichen Interessen geschieht das aber nur selten.

Fische reagieren auf Wasserverschmutzung viel empfindlicher als etwa Landtiere auf Verschmutzungen der Luft. Ein Tropfen Insektenvertilgungsmittel auf mehrere tausend Liter Wasser kann alle in diesem Bereich lebenden Fische töten.

Aber auch bei sauberem Wasser ist das Meer, sind die Flüsse und Seen kein unerschöpfliches Füllhorn. Wenn der Mensch sich die Fische als Nahrung erhalten will, wird er lernen müssen, daß nicht alles fischereitechnisch Machbare auch verwirklicht werden muß.

Ernährungsphysiologisch betrachtet ist der Fisch ein wichtiger Lieferant von Eiweiß und enthält zudem Vitamine und Mineralstoffe, dafür aber im allgemeinen wenig Fett. Man kann in der Küche eine Menge damit anfangen (es gibt weit über 4000 Fischrezepte) und braucht wenig Zeit für die Zubereitung – in längstens einer halben Stunde sind die meisten Fischrezepte zu verwirklichen.

Als der Mensch den Fisch entdeckte

„Fischfang ist ohne zweiffel gewesen von der Welt anfang her", meinte Johannes Colerus in seinem Geschichtswerk über die Fischerei, das im Jahre 1656 erschien. Es mag sein, daß diese Behauptung stimmt, daß der Mensch der Frühzeit schon auf die Idee kam, mit der Hand Fische aus flachen Tümpeln und Bächen zu fangen und roh oder auch gebraten zu verzehren. Später wird er dann einen Speer verwendet und dabei gemerkt haben, daß ihm die glatten Fische immer wieder von der Speerspitze rutschten.

Das erste speziell für den Fischfang erdachte Gerät dürfte die Harpune gewesen sein, ein Speer mit einer Widerhaken-Spitze, von der die Fische nicht mehr abrutschen konnten. Harpunenspitzen aus Rentierknochen oder Hirschhorn waren schon in der Magdalénien-Epoche, um 10000 v. Chr., im Gebrauch.

Aus der Harpunenspitze entwickelte sich der Angelhaken, und zwar etwa um 5000 v. Chr. Er bestand zunächst aus Knochen oder Muschelstükken und hatte noch keinen Widerhaken. In Nordeuropa scheint das Angeln als unmännlich gegolten zu haben. Warum hätte man sonst den Männern Harpunen, den Frauen dagegen Angelhaken mit ins Grab gegeben?

Angeln mit Widerhaken gab es in Europa erst in der Bronzezeit, also um 2000 v. Chr. Auf dem Balkan hat man schon tausend Jahre früher mit Widerhaken geangelt. Wahrscheinlich wurde die Angelschnur mit Haken und Köder einfach durchs Wasser gezogen oder vom Boot aus nachgeschleppt. Denn die Haspel für das Aufrollen der Angelschnur ist eine jüngere Erfindung, sie dürfte im 16. Jahrhundert zuerst verwendet worden sein, und zwar von den Chinesen.

Älter als die Angelfischerei ist der Fischfang mit Netzen. Mit Sicherheit waren Netze aus Pflanzenfasern in Nordeuropa schon um 7500 v. Chr. verbreitet. Die Überreste eines Weidenbastnetzes mit hölzernen Schwimmern und Steingewichten wurden in Finnland bei Antrea entdeckt. Die Ägypter knüpften Netze aus Palmen- und Papyrusfasern oder aus Kamelhaar. In Persien kamen später Seidennetze auf, die manchmal sogar mit Gold und Silber geschmückt waren.

Um 7000 v. Chr. gab es aber auch schon aus Weidenruten geflochtene Fischreusen, die an einem Ende geschlossen waren und am anderen Ende einen konischen Zugang hatten, durch den die Fische zwar in den Korb hinein-, aber nicht wieder herausgelangen konnten. Mit dem in der Bronzezeit bekannten Dreizack, später das Symbol des Meeresgottes Neptun, wurden größere Fische wie Thune und Schwertfische gejagt.

Ein wichtiger Zeuge aus der Frühgeschichte der Fischerei sind Abfallhaufen, die der jungsteinzeitliche Mensch an den Küsten Seelands und Schleswig-Holsteins hinterließ. Diese sogenannten „Kjökkenmöddinger" bilden Wälle von 1–3 m Höhe, 100–300 m Länge und 50–150 m Breite. Sie bestehen aus riesigen Mengen von Muschelschalen und Gräten verschiedener Fischarten. Die Abfälle, hochinteressante Studienobjekte für Vorgeschichtsforscher, sind in der Epoche zwischen 10000 und 6000 v. Chr. entstanden.

Solche Küchenreste hat man später auch in anderen Erdteilen gefunden, so in Nord- und Südamerika und in Ostasien. Den Kjökkenmöddingern verdanken wir Informationen darüber, welche Seefische damals mundeten. Es fanden sich Gräten von Heringen, Aalen und Dorschen.

Der Anfang für eine Fischerei an den Küsten war damit gemacht. Dabei blieb es auch nach der Einführung des Bootes noch viele Jahrtausende lang. Größere Fahrzeuge und schließlich Segelschiffe wagten sich auf der Jagd nach Fischen immer weiter auf die Ozeane hinaus. Von einer eigentlichen Hochseefischerei in fernen Meeresgründen kann man jedoch erst vom 19. Jahrhundert an sprechen.

Während in den industrialisierten Ländern Fischfang mit modernsten technologischen Mitteln betrieben wird, genügt diesem Indio aus dem Amazonasgebiet eine der ältesten Methoden, Fische für sich und seine Familie zu fangen: mit Pfeil und Bogen.

Fisch-Streifzug durch die Jahrhunderte

Berichte über Fischerei und Fischgenuß sind aus allen alten Kulturen überliefert. Im alten Ägypten waren Fische ein Hauptnahrungsmittel des kleinen Mannes. Auf altägyptischen Reliefs sind immer wieder Fischer zu sehen, die ihren Fang an Stangen aufgereiht oder in Körben an Land bringen. Sache der Fischschlächter war es dann, den Fang für den Verkauf vorzubereiten. Für die Lagerung und den Transport wurden die Fische ausgenommen und getrocknet.

Bei Babyloniern und Assyrern, Phönikern und Kretern war der Fisch als Nahrungsmittel weit verbreitet. Im antiken Griechenland nahm er unter den tierischen Nahrungsprodukten die erste Stelle ein. Es gab kein Gastmahl ohne Fischgang. Besonders beliebt waren gesalzene Thunfische, die in Großbetrieben, den Anfängen der Fischindustrie, zubereitet, in Feigenblätter gehüllt und in Tongefäße verpackt wurden.

Aber auch die ersten Berichte über Fisch-Vielfresser kommen aus Athen. So heißt es von Hyperides, er habe jedem Fischreiher Konkurrenz gemacht. Als er einst wegen Bestechung vor Gericht stand, erklärte sein Verteidiger Timokles, sein Mandant habe sein ganzes Vermögen für Fische ausgegeben, man dürfe ihm schon deshalb keine Geldstrafe auferlegen, weil das letztlich nur den Athener Fischhändlern schaden würde.

Im alten Rom waren Fische Volksnahrung. Feine Leute waren freilich mit dem normalen Fang nicht zufrieden. Sie schwelgten in Lebern von Meerbrassen und der Milch von Muränen und ließen Fische

Ebenfalls uralt ist die typisch chinesische Art, Fische mit Hilfe von Kormoranen zu fangen. Ein Ring um den Hals des gezähmten Vogels hindert ihn, seine Beute zu verschlingen. Um der drohenden Erstickung zu entgehen, fliegt er willig zum Boot zurück und läßt sich vom Fischer den Fang aus dem Schnabel ziehen. Noch heute leben in China Hunderttausende von Menschen vom traditionellen Kormoranfischfang.

von fernen Küsten antransportieren — wer als Gastgeber bestehen wollte, mußte schon Thunfische aus Chalkedon am Bosporus oder Hechte aus Pessinus in Anatolien auftischen.

Die Beschaffung solcher Leckerbissen verschlang Unsummen. „Mich wundert, wie ein Staat bestehen kann, in dem ein Fisch teurer verkauft wird als ein Ochse", wetterte der sittenstrenge Cato. Aber niemand machte sich etwas daraus. Von Lucullus ist überliefert, er habe in der Umgebung seines Landsitzes Hügel abtragen lassen, um künstliche Seen für die Frischhaltung seiner Tafelfische zu schaffen. Er ließ sie mit Meerwasser füllen. Als der berühmte Feinschmecker starb, soll er in seinen Teichen seltene Fische im Wert von umgerechnet 5–6 Millionen Mark hinterlassen haben.

Andere Fischnarren waren Kaiser Diokletian, von dem es heißt, er habe sich nur deshalb nach Dalmatien zurückgezogen, weil es dort die besten Forellen gab, oder der Staatsmann Crassus, der in eine Lamprete so verliebt gewesen sein soll, daß er beim Hinscheiden des Fisches Trauer anlegte und dem Tier ein Denkmal setzte.

Bei einer solchen Nachfrage nach Edelfischen war es kein Wunder, daß die Preise anzogen. Deshalb beschwerte sich Kaiser Hadrian in einem Brief: „Ich will, daß die Fischhändler und die Wiederverkäufer aufhören mit ihrer schmutzigen Gewinnsucht oder daß Anzeige gegen sie erstattet wird beim Herold des Rates vom Areopag."

Die Germanen delektierten sich, wie römische Schriftsteller überlieferten, an Stören, Salmen und anderen Fischen aus den fischreichen germanischen Flüssen und Seen. An der Küste waren Meeresfische die Hauptnahrung der nordischen Stämme, wie Cäsar berichtete, und der Hering war den Römern unter seinem germanischen Namen bekannt.

Die Germanen fischten mit Speeren, Angeln und Netzen — nach ihrer Überzeugung hatte der kluge Gott Loki das Netz erfunden, was ihm freilich zum Verhängnis wurde. Denn nach dem Tode des Gottes Baldur wurde Loki, der sich mit Vorliebe in einen Lachs verwandelte, im eigenen Netz gefangen.

Um das Jahr 1000 betrieben zahlreiche Klöster eine systematische Fischzucht. Als Fastenspeise erfreute sich der Fisch höchster Beliebtheit und kirchlicher Förderung. Es gab genaue Bestimmungen für die Bewirtschaftung der Fischteiche und für die Verpachtung von Fischgewässern — aus beidem flossen den Klöstern und später auch anderen Grundbesitzern reiche Einnahmen zu.

Die Süßwasserfische blieben noch lange den Tafeln der Bessergestellten vorbehalten. Alle aus dieser Zeit überlieferten Rezepte entstammen klösterlichen und fürstlichen Küchen, die manchmal wahre Fisch-Orgien bekocht haben müssen. So wurden auf einer Prunkhochzeit, zu der Wilhelm von Rosenberg 1578 in Krumnau einlud, folgende Fischmengen verzehrt: 5960 Forellen, 107 Lachse, 470 große Hechte, 1374 Haupthechte, 15800 Karpfen und dazu noch 478 andere Fische, die in Zubern antransportiert wurden.

Im Mittelalter waren die Zubereitungsarten schon sehr abwechslungsreich. Im ältesten deutschen Kochbuch werden gesottene, gebratene und in Butter gebackene Fische erwähnt. Es gab aber auch schon in Würzbrühe gekochte oder in einen Teigmantel gehüllte Fische. Aus manchen Fischen verstand man eine Art Aspik zu machen. Seefische wurden eingesalzen, geräuchert oder gedörrt. Außerdem spielten Flußkrebse und Muscheln eine große Rolle. Hummer kannten einstweilen nur die Küstenbewohner.

Trotz dieser weiten Verbreitung waren die Vorstellungen über den Wert oder Unwert der Fischnahrung unterschiedlich. So behauptete der Kräuterkundige Adamus Lonicerus im 16. Jahrhundert, die Fische seien von Natur aus kalt und feucht, und ein anderer Fachmann ergänzte, aus diesem Grund seien sie zumindest für Phlegmatiker, die bekanntlich ebenfalls von Natur aus kalt und feucht seien, durchaus nicht zu empfehlen, denn ihr bedauernswerter Zustand könne sich durch den Fischgenuß nur noch verschlechtern.

Ganz verdammen wollte Lonicerus die Fische indessen nicht. In seinem dickleibigen Kräuterbuch schreibt er, es komme ganz auf den Fisch an, „sintemahl einer besser ist, dann der andere, nach Art und Eigenschafft der Orte und Wasser, in welchen sie fließen".

Dann führt der gelehrte Kräuterdoktor Kennzeichen für Fische an: „Einen guten gesunden Fisch soll man bey diesen Zeichen erkennen, daß er ein hartlecht trucken Fleisch habe, daß er schüppicht und nicht schleimicht sey, der sich in der Lufft nicht bald verändert, am Geschmack süß, und eine dünne Haut hat. Solche Fische dauen sich wol, und geben gute Nahrung und Geblüt, sind gesund in müßigen und schwachen Menschen, und denen, so von Krankheiten sich wieder aufmachen."

Während sich die Binnenfischerei seit den frühesten Zeiten stetig und friedlich entwickelte, kam es in der Meeresfischerei zu einem Machtkampf um die Versorgung mit Seefischen, der bis zu kriegerischen Verwicklungen führte. Bis gegen Ende des 12. Jahrhunderts waren die Holländer die führende Fischereination. Dann verlagerte sich der Schwerpunkt an die Südwestküste Schwedens, wobei der Heringsfang — auf ihn kommen wir weiter unten noch zurück — die Hauptrolle spielte. Es folgte die große Zeit der Hanse, deren Wohlstand bis ins 15. Jahrhundert zu einem großen Teil auf dem Fischfang und -handel beruhte.

Im 16. Jahrhundert schoben sich wieder die Niederländer in den Vordergrund. Es begannen zwischen ihnen und den Norwegern erbitterte Auseinandersetzungen um Fischgründe und Absatzmärkte. In dieser Zeit tummelten sich bis zu 20000 holländische Fischer in der Nordsee. Die Niederlande wurden zu einer reichen Nation, die Hauptstadt Amsterdam, nach Überzeugung der Fischhistoriker „auf Fischgräten errichtet", blühte auf.

„Fischmarkt" heißt diese Szene aus der Chronik des Konstanzer Konzils (1414–1418) des Ulrich von Richental, einer Pergamenthandschrift, die zwischen 1430 und 1435 entstanden ist und heute im Rosgartenmuseum zu Konstanz aufbewahrt wird.

Im 17. Jahrhundert traten die Engländer auf den Plan. Langsam, aber zielstrebig entwickelten sie sich zur bedeutendsten europäischen Fischfangnation. Diesen Vorrang machten ihnen schließlich die Norweger streitig. Sie setzten sich in Europa mit ihren großen Fängen an Heringen und Kabeljau an die Spitze, und diese Position haben sie bis heute halten können.

Dann kam das Zeitalter des hochtechnisierten Fischfangs mit Geräten, denen schließlich kein Heringsschwanz mehr entkommen konnte. Die Folgen waren katastrophal.

Da die oberen Meeresschichten teilweise fast leergefischt sind, hat man Techniken entwickelt, die es erlauben, aus Tiefen von 300 bis 500 Metern und mehr die für den Menschen so wichtige Nahrung Fisch zu fangen. Elf Tonnen Meeresbewohner sind in diesem Fangnetz versammelt, darunter Makrelen, Tintenfische, Schollen, kleine Haie, Flundern, Seelachs, Chimären, Seeteufel – aber auch zentnerweise die neuen Nutzfische wie Blauer Wittling, Grenadierfisch, Blauleng und Goldlachs.

Von der Kunst des Seefischfangs

Mit dem Netz und der Angelschnur kann man auf sehr unterschiedliche Weise Fische fangen. An den einschlägigen Techniken hat sich in den letzten Jahrzehnten und teilweise sogar Jahrhunderten im Prinzip nichts geändert. Ein paar der wichtigsten Methoden seien hier in großen Zügen erläutert.

Für den Heringsfang ist ein sogenanntes Kiemennetz das traditionelle Fanggerät. Es sieht wie ein kilometerlanges Tennisnetz aus, das an Oberflächenschwimmern so aufgehängt wird, daß es unter Wasser eine riesige Maschenwand bildet. Wenn die Heringe gegen Abend zur Futtersuche höhere Meeresregionen aufsuchen, verfangen sie sich mit den Kiemendeckeln in den Maschen und bleiben im Netz hängen. Die Maschengröße ist so bemessen, daß nur die fangreifen Heringe sich festhaken. Im Morgengrauen wird das Netz eingezogen und geleert.

Ebenfalls für den Heringsfang geeignet ist die heute nicht mehr sehr gebräuchliche Ringwade. Ein langes Netz wird dabei durch die Schiffsbewegung um den Schwarm herumgelegt und zum Kreis geschlossen. Wenn man nun die durch Ringe an der Netzunterseite geführte Warpleine zusammenzieht, schließt sich das Netz zur Beutel- oder Schüsselform. Ringwaden, auch Schlagnetze genannt, können 1800 m lang sein und bis in 180 m Tiefe reichen. Die Beute, bis zu 400 Tonnen Fische, wird in Behälter an Deck gepumpt oder geschaufelt.

Die Fischerei auf hoher See und in größeren Wassertiefen stützt sich vor allem auf das Schleppnetz, das es in unterschiedlichen Ausführungen gibt. Es hat die Form eines großen Sackes und wird an Leinenverbindungen hinter dem Fischereifahrzeug her geschleppt. Das technische Problem dabei ist die Offenhaltung des Netzsackes während des Schleppens. In der Anfangszeit löste man es durch einen quergestellten Baum und versah das Netz mit Rahmenkonstruktionen und Metallkufen, um es über den Meeresgrund ziehen zu können. In der zweiten Hälfte des 19. Jahrhunderts kamen die Scherbretter auf, wohl die Erfindung eines Iren namens Musgrave. Die an den Seitenflügeln des Netzes angebrachten Bretter haben eine Winkelstellung, die sie beim Schleppbetrieb zu den Seiten hin ausscheren läßt. Dadurch wird das Netz weit offen gehalten, Bäume und Rahmen wurden überflüssig. Komplizierte Systeme von Schwimmkörpern und Zuggewichten wirken dabei mit. Moderne Fangfahrzeuge (Trawler) ziehen das gefüllte Schleppnetz über eine Klappe am Heck des Schiffes ein, sie heißen deshalb Hecktrawler.

Mit Ködern und Leine werden beispielsweise vom Fischereifahrzeug aus Thunfische gefangen, und zwar mit langen Wurfangeln. Für hochwertige Speisefische in größeren Meerestiefen oder bei rauhem, nicht für das Schleppnetz geeignetem Grund werden Langleinen ausgelegt, an denen in kurzen Abständen Leinen mit beköderten Angelhaken hängen.

Die Netze und Leinen allein tun es freilich schon lange nicht mehr. Bevor man sie einsetzen kann, muß man schließlich erst einmal wissen, wo überhaupt Fische zu finden sind. Und wenn man es weiß, kommt es darauf an, einen Schwarm möglichst nicht aus den Augen zu lassen und schnurstracks in das Netz zu dirigieren. Das alles geschieht heute vor allem mit elektronischen Verfahren — bis hin zur Beinahe-Automatisierung des Fischfangs. Die Beobachtung der Unterwasserwelt wird in manchen Ländern, beispielsweise Japan, systematisch und großräumig durchgeführt. Aus Meldungen der Fangflotten und wetterkundlichen Beobachtungen produzieren Computer Voraussagen und Berechnungen für Fanggebiete, -zeiten und -aussichten.

Die einzelnen Fischereifahrzeuge gleichen heute oft schon schwimmenden Elektroniklaboratorien. Radar- oder Schallortungssysteme messen und melden Ausmaß und Entfernung von Fischschwärmen, sie können so empfindlich sein, daß sie noch einen einzelnen Fisch in 200 m Meerestiefe registrieren. Mit Hilfe dieser Verfahren, die auf Radar-, Echolot- und Unterwasseraufklärung in Kriegszeiten zurückgehen, kann man Fischschwärme verfolgen und neue Fanggründe suchen.

Damit aber nicht genug. Längst gibt es Hydrophone, die die von Fischen von sich gegebenen Geräusche in Stereo und Hifi aufzeichnen. Spezialisten werten diese Aufnahmen aus, sie können zwischen Kommunikationsgeräuschen und reinen Freßgeräuschen der Fische unterscheiden. Während die Freßgeräusche ausgefiltert werden, pflegt man die Kommunikationsgeräusche zu verstärken und durch Unterwasserlautsprecher wiederzugeben. Die Fische nehmen die Geräusche auf und kommen angeschwommen − zur vermeintlichen Nahrungsquelle, in Wirklichkeit zum Netz, das sie schon erwartet.

Immer neue, noch raffiniertere Vorrichtungen also, um immer noch mehr Fische zu fangen. Es fragt sich nur, was letzten Endes dabei herauskommt. Denn Fische vermehren sich schließlich nicht beliebig − auf keinen Fall jedoch in dem Tempo, das moderne Massenfänger voraussetzen. Die Folgen der neuen Techniken waren also auf die Dauer nicht erhöhte Fangergebnisse, sondern verminderte. Sehr bald erwiesen sich bestimmte Meeresgebiete als leergefischt.

Ein berühmtes Beispiel für Glanz und Elend der modernen Fischerei lieferte der Anchovisfang vor den Küsten Perus. Dort hatte sich, angeheizt durch moderne Methoden und große Nachfrage (nach Fischmehl, das vor allem aus den Anchovis hergestellt wird und als Futter- und Düngemittel gefragt ist), der Fang von 1953 bis 1970 von 30 000 Tonnen auf 12 Millionen Tonnen erhöht. Peru war, zumindest mengenmäßig, zur größten Fischereination der Welt geworden. Aus winzigen Fischerdörfern wurden riesige Fischereihäfen mit Barackenlagern für die aus dem Hinterland zuströmenden Arbeiter und mit stinkenden Fischfabriken.

Ab 1972 begannen die Fische zu verschwinden, die Fänge gingen zurück auf schließlich zwei Millionen Tonnen. Die Fischmehlindustrie brach zusammen, die Häfen verödeten. Aber nicht nur das − auch die großen Mengen an Seevögeln, die sich bisher von den Fischen ernährt hatten, blieben aus − und damit ihre Exkremente, das Düngemittel Guano, bis dahin Perus zweitwichtigste Devisenquelle nach dem Fischmehl.

Fast 30 000 Fischer und Fabrikarbeiter wurden arbeitslos. Die Regierung mußte Fangverbote erlassen. Mittlerweile haben sich die Bestände einigermaßen erholt, so daß der Jahresertrag sich wieder auf über vier Millionen Tonnen beläuft. Es geht wieder aufwärts, aber in kleinen Schritten. Denn Fischmehl ist nach wie vor gefragt als wichtige Eiweißquelle. Etwa 30 Prozent der Welt-Fischernte wandern in die Fischmehlfabriken.

Heute werden im Jahr weltweit rund 70 Millionen Tonnen Fische und Meeresfrüchte angelandet, allein die Hälfte davon von den Fangflotten der größten Fischfangländer: Sowjetunion, Japan, China, Peru und Norwegen. Der Fangertrag der deutschen Kutter, Logger und Trawler nimmt sich demgegenüber bescheiden aus, er liegt bei einer halben Million Tonnen im Jahr und hat sich nach Jahren der starken Abnahme inzwischen wohl stabilisiert.

Am bedeutendsten ist die sogenannte große Hochseefischerei, deren Schiffe in weit entfernten Fanggebieten oft monatelang unterwegs sind, etwa vor Island, Grönland, Labrador und Neufundland, vor den Färöern oder im Südatlantik. Die drei wichtigsten Fischarten sind dabei Kabeljau, Rotbarsch und Seelachs. An vierter Stelle folgt der einst viel bedeutendere Hering. Für Fangfahrten in weit entfernte Meeresgebiete werden vor allem als Fang- und Verarbeitungsschiffe ausgerüstete Hecktrawler verwendet, die den Fang an Bord verarbeiten und tiefgefrieren können. Für den Heringsfang werden außerdem kleinere Heringslogger eingesetzt, die meist als Seitenfänger arbeiten. In der auf die Nord- und Ostsee begrenzten kleinen Hochseefischerei werden Motorkutter verwendet. Sie arbeiten mit Schwimmschlepp- oder Scherbrettnetzen, die meist im Gespann gezogen werden.

Fanggebiete der Küstenfischerei sind die Prielsysteme des Wattenmeers und ein etwa 20 Kilometer breiter Küstenstreifen. In diesem Bereich sind neben Aalen, Schollen und Heringen vor allem Krabben, Garnelen und Krebse zu holen. Die vielseitige Fischernte verlangt eine differenzierte Fangtechnik − neben Stell- und Treibnetzen verwenden die Motorkutter der Küstenfischerei unter anderem auch Garnelen- und Aalreusen, Fischzäune, Angeln und Fangleinen.

Hering

Schellfisch

Sardelle

Thunfisch

Stör

Aal

Lachs oder Salm

Waller oder Wels

Scholle

Makrele

Kabeljau

Flußbarsch

Karpfen

Aland

Äsche

Sage und Siegeszug des Herings

Der Hering, einst an der Spitze aller Fänge der deutschen und skandinavischen Fangflotten, ist ein Wanderfisch, der während der Laichzeit die Küsten aufsucht, sich sonst aber im freien Meer aufhält. Ein Heringsweibchen legt zwischen 25000 und 70000 Eier. Sie sinken zu Boden und bleiben aneinander und am Boden kleben. Wenn früher die großen Heringsschwärme im Gebiet der Doggerbank ablaichten, war der Meeresboden anschließend auf einer Fläche von mehreren Quadratkilometern mit einer zentimeterdicken Schicht der millimetergroßen Eier bedeckt.

Die Larven schlüpfen nach etwa zwei Wochen, unabhängig von der Wassertemperatur. Sie sind 6–7 mm groß und beinahe unbeweglich. Kleinkrebse und Wassertierchen, die als Plankton im Meerwasser schweben, dienen ihnen als Nahrung. Am Ende des ersten Lebensjahres sind die Larven etwa 12 cm lang. Zwei bis drei Jahre dauert es, bis sich diese Körpergröße verdoppelt hat — und erst im vierten Lebensjahr ist der Junghering laichreif, vorausgesetzt, er wird überhaupt so alt. Denn der Hering dient unzähligen Fischen, Meeressäugern und Seevögeln als Grundnahrungsmittel.

Ältere Autoren vergleichen die alljährlichen Heringswanderungen zu den Küsten, ins flachere Wasser, mit dem Ansturm eines Mongolenheeres: „Millionen von Tieren bewegen sich als eng zusammengedrängte, glitzernde Masse durch das Wasser. Besonders die Heringe wälzen sich in wahren Bergen heran — der Norweger spricht in der Tat vom ‚Sildebjerg'... Dringen diese Schwärme in die Küstenenge und Fjorde ein, dann können sie leicht abgeriegelt werden; die Fänge sind dann gewaltig." Schon um 1200 beobachtete der dänische Historiker Saxo Grammaticus riesige Heringsschwärme an der Südküste Schwedens. Die Fischer der weiteren Umgebung strömten zusammen, um sich an den unerwartet ergiebigen Fängen zu beteiligen. In kurzer Zeit wurden aus armen und schlichten dänischen Siedlungen reiche und mächtige Städte, und es heißt, der Fischreichtum sei damals so gewaltig gewesen, daß die Schiffe in der Masse der Heringe steckenblieben.

Viele Jahrzehnte lang kamen die Heringe mit schöner Regelmäßigkeit. Dann, um 1400, blieben die Schwärme schlagartig aus. Der Glanz der großen Fangplätze erlosch. Einst mächtige Fischerstädte versanken in Armut.

Auch in den folgenden Jahrhunderten kam es immer wieder vor, daß Perioden mit überreichem Heringsfang von weniger gesegneten oder ausgesprochen heringsarmen abgelöst wurden. Das rätselhafte Problem der „Fiskeperioder", der Fischperioden, begann Parlamente und Regierungen zu beschäftigen. Beim Nachgraben in skandinavischen Archiven zeigte sich, daß man von drei Blütezeiten des Heringsfangs sprechen kann, die sich eindeutig abgrenzen lassen. Die eine lag im 16. Jahrhundert, die zweite dauerte von 1748 bis 1808, die dritte von 1877 bis in unsere Zeit. Dazwischen blieben die Heringe ganz aus, oder es gab nur magere Fänge. Die Periodendauer machte immer runde 60 Jahre aus. Worauf diese merkwürdige Erscheinung zurückzuführen ist, wurde niemals vollkommen aufgeklärt.

Verständlich, daß man einst das Ausbleiben der Heringsschwärme als Strafe Gottes betrachtete. Fischer fürchteten sich vor „dämonischen Fischen", meist besonders großen, bemoosten Exemplaren, die nach Zeugenaussagen goldene Schuppen, Augen aus Edelsteinen und eine Krone auf dem Haupt trugen. Ihr Auftauchen verkündete Unglück, Erdbeben, Überschwemmung, Weltuntergang, Krieg, Teuerung und Hungersnot.

Warum der Hering Hering heißt, ist nicht eindeutig geklärt. Das Wort bezeichnete ursprünglich auch gar nicht den Atlantischen Hering (Clupea harengus), sondern eine im Mittelmeer verbreitete Thunfischart. Den Hering nannte man, nordeuropäischen Vorbildern folgend, dagegen Sild. Das scheint sich in der Zeit geändert zu haben, als die Holländer die Vorherrschaft im Heringshandel erobert hatten. Sie führten eine Art Qualitätskontrolle ein. Probiermeister überprüften die in Holzfässern verpackte Ware und brannten ein ringförmiges Zeichen ein, wenn nichts zu beanstanden war. Dieser Ring soll Veranlassung gewesen sein,

Hollands Weltgeltung und Reichtum im 16. und 17. Jahrhundert basierte nicht nur auf seinen tüchtigen Schiffbauern und Seeleuten, sondern auch auf der Erfindung, Heringe durch eine besondere Methode des Einsalzens haltbar zu machen. Unser Bild zeigt einen Kupferstich von 1618, auf dem ein Fang Heringe konserviert wird.

den Namen Hering auf den beliebten Fisch zu übertragen — wenn die Geschichte nicht stimmt, ist sie wenigstens gut erfunden.

Auch in Friesland wurde auf erstklassige Ware geachtet. So mußten die Emdener Heringsfischer um 1550 vor der Ausfahrt zum Fang beim Stadtamt ihr „Handmal" bekanntgeben, also das Firmenzeichen. Nur unter diesem Zeichen durften sie ihre Heringe in den Handel bringen, wobei dann noch ein „Körmeister des Herings und der Fässer" beim Verpacken zugegen war und ein Platzmeister seine Marke aufstempelte, bevor die Heringstonnen versandt werden konnten.

Solche Kontrollen waren zweifellos nicht überflüssig, wenn man bedenkt, daß die Konservierungskünste damals noch in den Anfängen steckten. Jeder Fischhändler war daran interessiert, auch die älteren Heringsbestände noch an den Mann zu bringen. Deshalb befahl der Rat der Stadt Leipzig im Jahre 1464 ausdrücklich, daß kein alter Hering mehr auf den Markt kommen dürfe, sobald die neue Ernte eingetroffen sei.

Überall stand der Hering in hohem Ansehen. Kochbücher bemühten sich, die Hausfrauen und Köche mit neuen Heringsrezepten zu verwöhnen.

Und die Heilkundigen dichteten dem Hering auch allerlei gesundheitsfördernde Eigenschaften an. So heißt es in einem „New Kochbuch für den Krancken", daß der Hering die Gebresten des Körpers zerreibe wie die Sonne den Nebel, in Sonderheit Fieber und Husten, den Hundebiß heile, vom Haupt die Flüsse ziehe, wie auch die Wassersucht verzehre. Aus Heringen konnte man Salben, Pflaster und Essenzen bereiten, es diente aber auch dem Wohlbefinden, zwei Heringe am Bauch aufzuschneiden und unter die Fußsohlen zu binden — allerdings nur dann, wenn die solcherart zweckentfremdeten Heringe anschließend zwei Fuß tief in die Erde gegraben wurden.

Die Technik des Einsalzens von Heringen war schon seit frühesten Zeiten bekannt. Nur dank dieses Verfahrens war es möglich, Heringe auch ins Binnenland zu versenden oder sie auf Schiffen als Proviant mitzuführen. Die ersten Pökelmethoden scheinen jedoch noch ziemlich problematisch gewesen zu sein. Meist wurde mit dem kostbaren Salz zu sparsam umgegangen, was dazu führte, daß der Inhalt der Heringsfässer verdarb.

Salz für das Einpökeln kam zum großen Teil aus Lüneburg, das die besten Sorten lieferte und freilich auch den Preis dafür bestimmte. Dazu kam der Transport bis nach Skandinavien. Wenn man sich vorstellt, welche Salzmengen gebraucht wurden, kann man verstehen, daß die Skandinavier nach Methoden suchten, Fische auch ohne Salz zu konservieren. Das Ergebnis war der Stockfisch, ein luftgetrockneter Kabeljau, der dem Salzhering Konkurrenz machte.

Als Erfinder der heute noch üblichen Pökelmethoden beim Hering feiern die Holländer einen Mann, der Wilhelm Beukels oder so ähnlich (es gibt viele unterschiedliche Schreibweisen) geheißen haben soll. Wann genau er gelebt hat, ist ebenso unbekannt wie das von ihm erdachte Pökelverfahren. Es scheint lediglich festzustehen, daß die Holländer zwischen 1386 und 1416 große Fortschritte in der Heringskonservierung machten, die sich in der Handelsbilanz positiv auswirkten.

Wie dem auch sei, das Heringseinsalzen kam erst jetzt richtig in Schwung, und die Niederländer schafften es lange, ihr Pökelverfahren vor der bösen Konkurrenz geheimzuhalten. Wilhelm Beukels, den eine alte Urkunde als „Fischer von großem Namen" feierte, wurde so berühmt, daß 1536 sogar Kaiser Karl V., dem eine Vorliebe für Salzhering nachgesagt wird, dem Grab des Wilhelm Beukels in dem Fischerdorf Bieroliet einen Besuch abgestattet haben soll.

Nächste Doppelseite: Auf der Insel Tjörn im Skagerrak trocknen Kabeljaus an der Luft, um nach einigen Wochen zum früher so begehrten Stockfisch zu werden. Auch dieses Verfahren diente dem Haltbarmachen der Fische, hat aber mit der Entwicklung der modernen Konservierungsverfahren stark an Bedeutung eingebüßt.

Der neufundländische Kabeljaukrieg

Auf der Suche nach einem Seeweg nach Indien hatte Christoph Columbus 1492 Amerika entdeckt. Der Erfolg der spanischen Schiffe ließ andere europäische Herrscher nicht ruhen. So rüstete auch Heinrich VII. von England eine Flotte aus, um den Weg nach Indien erkunden zu lassen. Giovanni Caboto aus Genua und dessen Sohn Sebastiano übernahmen die Leitung. Sie betraten am 24. Juni 1497 niegesehenes Land, das sie für China hielten — in Wirklichkeit landeten sie an der Küste von Labrador in Nordamerika.

Die beiden Genuesen sahen sich mit offenen Augen um und erkannten schnell den ungeheuren Fischreichtum vor den Küsten des neuen Landes, das sie New found land, neu gefundenes Land nannten. Vor allem fielen ihnen riesige Mengen eines Fisches auf, den wir heute Kabeljau nennen und der sich mittlerweile zum wichtigsten Fisch der europäischen Fangflotten gemausert hat — den Hering ließ er weit hinter sich.

Die Cabotos waren sich durchaus darüber klar, was für eine Entdeckung sie da gemacht hatten. Kaum nach England zurückgekehrt, versuchten sie sich das alleinige Recht zur Ausbeutung der Fischbestände zu sichern. Aber wie Columbus wurden sie um die Früchte ihrer Arbeit betrogen. Englische Kaufleute waren geschäftstüchtiger als sie, und die Nachricht von den reichen Fischbänken war noch gar nicht allgemein bekannt, da hatten sie schon eine Interessengemeinschaft gegründet, die ganz groß in das neufundländische Kabeljaugeschäft einsteigen wollte. Da von der spanischen Konkurrenz Unannehmlichkeiten zu befürchten waren, nahm man sie sicherheitshalber gleich mit in die Firma auf.

Unverzüglich begaben sich die Schiffe der englischen Gesellschaft auf den Kabeljaufang vor Neufundland, ins „Paradies der Fische", wie man es bald nannte. Sie fanden die märchenhaft klingenden Berichte der Cabotos vollauf bestätigt. Es folgten die Fischer anderer Nationen. Tausende von ihnen trafen sich an den Neufundlandbänken, um den einzigartigen Schatz zu heben. Ihr Wettlauf um den Kabeljau war einmalig, höchstens noch zu vergleichen mit dem kalifornischen Goldfieber des 19. Jahrhunderts.

Da die Kabeljaus auf der langen Reise verdorben wären, verarbeitete man sie zum größten Teil an Ort und Stelle zu Stockfisch. Das taten auch die Franzosen, die sich 1534 zu Herren von Kanada aufschwangen und große Teile der reichen Fischgründe im „Land der Stockfische" für sich mit Beschlag belegten. Die Engländer sahen dem französischen Vordringen eine Zeitlang zu. Dann erschienen sie mit Kriegsschiffen vor der nordamerikanischen Küste und nahmen Saint John's, den wichtigsten Kabeljauhafen Neufundlands (heute Hauptstadt der gleichnamigen kanadischen Provinz), in Besitz. Diese Basis erlaubte es ihnen, noch großzügiger zu fischen als bisher. In Saint John's konnten sie den Kabeljau trocknen und einpökeln und ihre Schiffe versorgen.

Die Franzosen protestierten und zogen, als das nichts half, ebenfalls Kriegsschiffe heran. Es begann eine jahrhundertelange Auseinandersetzung um die neufundländischen Fischgründe, in deren Verlauf vor allem die Niederlassung von Saint John's heftig umstritten war. Die lokalen Geplänkel eskalierten zum offenen Krieg, nachdem Frankreich und England in Europa in den Spanischen Erbfolgekrieg (1701–1713) verwickelt worden waren. Der Friede von Utrecht (1713) warf die Franzosen aus dem Rennen. Er sprach den Engländern den umfangreichen französischen Kolonialbesitz in Nordamerika zu — und damit waren nun die meisten neufundländischen Kabeljaus englisch. Frankreich verblieben nur zwei winzige Inseln im Süden des Landes. Auch von ihnen wurden sie bald vertrieben.

Die nordamerikanische Fischereifrage war damit jedoch keineswegs erledigt. Kaum hatten sich die Vereinigten Staaten von Nordamerika von Großbritannien gelöst, begannen neue Auseinandersetzungen zwischen den USA, die Fischrechte im hohen Norden des Kontinents beanspruchten, und Kanada, nach wie vor eine britische Kolonie. Die beiderseitigen Diplomaten trafen Vereinbarungen und schlossen Verträge. Dabei ging es um so kniff-

lige Fragen wie die, ob die US-Amerikaner kanadische Häfen nur anlaufen dürften, um Holz und Wasser aufzunehmen und Köder zu kaufen, oder ob sie auch dazu berechtigt waren, ihren Fang an Land zu trocknen oder einzupökeln. Und über viele Jahre zogen sich Auseinandersetzungen hin, die die Berechnung der Dreimeilenzone betrafen. Diese Zone gilt als Hoheitsgebiet des Anliegerstaates, in ihr dürfen fremde Fahrzeuge nicht fischen. Das Bestreben, fruchtbare Fanggründe für die eigenen Fischereiflotten zu reservieren und fremde Fischer auszuschließen, führte in unserem Jahrhundert zu Ausdehnungen der einstigen Dreimeilenzonen bis zur 200-Meilen-Grenze. Es kam zu unzähligen heftigen und auch tätlichen Auseinandersetzungen zwischen Staaten, die diese Ausweitung für ihr gutes Recht ansahen, und anderen, die sich ihrer besten Fischgründe beraubt sahen.

Bekannt wurden die Angriffe der peruanischen und ecuadorianischen Marine auf amerikanische Fischerboote, die in den sechziger Jahren innerhalb der 200-Meilen-Zone vor Peru oder Ecuador fischten. Und 1976 kam es zwischen Island und Großbritannien zum Kabeljaukrieg, als sich Kriegsschiffe beider Länder innerhalb der isländischen 200-Meilen-Zone bedrohten. Dabei wurden nicht nur diplomatische Noten gewechselt, sondern auch Fischerboote und Schiffe der Küstenwacht gerammt — beiderseitig, versteht sich.

Die Weltpresse berichtete fast nur von diesen beiden Konflikten. In Wirklichkeit sind fischereirechtliche Auseinandersetzungen längst an der Tagesordnung. Allein in den Jahren von 1945 bis 1972 wurden 1183 internationale Streitfälle registriert. Der Kabeljau, um den es dabei in vielen Fällen ging, kommt freilich nicht nur an den Neufundlandbänken vor, wenn sich hier auch einst im Sommer und Herbst bis zu 6000 Fischereifahrzeuge versammelten, um eine Kabeljauernte von etwa 100 000 Tonnen einzubringen. Ein anderes großes Fanggebiet für den Kabeljau sind die Meeresregionen um die nordnorwegischen Lofoteninseln. Auch hier wurden einst Jahresernten von 100 000 Tonnen Fischen erzielt, vor allem Kabeljaus, aber auch Schellfische, Heilbutte, Seelachse, Katfische und Rotbarsche.

Im Gegensatz zum Hering wird der Kabeljau erst im Alter von 6–8 Jahren geschlechtsreif. Zum Laichen wandert er in flachere Gewässer, oft in kilometerlangen, mehrere Meter übereinander stehenden Heeren. Ein 10 kg schweres Weibchen kann jährlich 4–5 Millionen Eier produzieren. Sie treiben, wie auch die geschlüpften Larven, frei im Wasser. Kaum ein Prozent davon wächst zu Jungfischen von etwa 3 cm Länge heran. Meeresströmungen transportieren viele Jungkabeljaus bis in die Barentssee, wo sie sich entwickeln können.

Die unglaubliche Fruchtbarkeit des Kabeljaus und die riesigen Vorkommen in vielen atlantischen Meeresgebieten haben nicht verhindern können, daß auch die Bestände dieses Fisches vielfach überfischt wurden. Der Kabeljaufang wurde deshalb durch Quoten begrenzt, an die sich die einzelnen Fischereinationen halten sollen. Nicht alle Fachleute sind davon überzeugt, daß das auch wirklich geschieht. Trotz aller Probleme dieser Art steht der Kabeljau heute an der Spitze der Speisefischfänge. Soweit der Kabeljau nicht auf Eis transportiert und frisch angelandet werden kann, verarbeiten ihn die Fischtrawler gleich im Fanggebiet zu tiefgefrorenem Filet.

Die traditionellen Konservierungsverfahren haben demgegenüber an Bedeutung eingebüßt. Hierzu gehört vor allem die schon erwähnte Verarbeitung auf Stockfisch. Dabei werden die ausgenommenen und gewaschenen Kabeljaus am Schwanz paarweise zusammengebunden und über Trockengestelle gehängt. Es dauert bei günstigem Wetter etwa sechs Wochen, bis die Fische trocken sind wie Holz.

In noch größeren Mengen als zu Stockfisch wurde der Kabeljau früher zu Klippfisch verarbeitet. Dazu mußte der aufgeschnittene und ausgenommene Fisch von der Hauptgräte befreit und kräftig gesalzen werden. Bei mehrwöchiger Stapelung entzog das Salz dem Fischfleisch den größten Teil des Wassers. Es eignete sich für Konserven (etwa für Salzfilets) oder wurde anschließend wie ein Stockfisch getrocknet. Ein eingepökelter Klippfisch hieß Laberdan, benannt wohl nach der schottischen Stadt Aberdeen, die einst ein wichtiger Handelsplatz für isländischen Kabeljau war.

Von Schollen und anderen Plattfischen

Nach den Fischen der Kabeljaufamilie und den Heringen sind in unseren Gewässern vor allem die Plattfische in der Küche von großer Bedeutung: Scholle und Flunder, Seezunge und Steinbutt und viele andere. Sie gehören zu den merkwürdigsten Meeresbewohnern. Als Larven haben sie eine durchaus normale Fischform, sie schwimmen aufrecht und sind symmetrisch gebaut. Im Lauf der Entwicklung wandert dann ein Auge auf die spätere Oberseite des Fischs. Zugleich verwandelt sich das bis dahin noch knorpelige Schädelskelett, und die Plattfische, die sich bis dahin im freien Meer aufgehalten haben, gehen zum Bodenleben über. Die Oberseite, der Rücken, ist nun dunkel gefärbt, die Bauchseite hell. Färbung und Zeichnung passen sich weitgehend dem Untergrund an, in den sich die Fische oft bis zu den Augen eingraben.

Wie es zu dieser merkwürdigen Körperform gekommen ist, erzählt eine alte Legende. Die eingebildete Flunder, die den Hering nicht leiden konnte, erkundigte sich boshaft: „Is denn de Hering ook en Fisch?" Zur Strafe für diesen Hochmut rutschte bei der Flunder das eine Auge neben das zweite auf die andere Körperseite, und auch das Maul blieb ihr schief stehen.

Unter den Plattfischen ist die Seezunge in der internationalen Küche besonders beliebt. Sie wird in allen europäischen Küstengewässern gefangen, leider nicht in den Mengen, die der Markt aufnehmen könnte. Ihren Siegeszug durch die europäischen Küchen begann sie erst vor etwa hundert Jahren.

In höchsten Tönen des Lobes schwärmen die Feinschmecker aller Zeiten vom Steinbutt, einem Plattfisch, der an der Atlantikküste zentnerschwer werden kann, in der Ostsee dagegen Gewichte von 1–3 kg erreicht und für die Zubereitung im Stück ausgezeichnet geeignet ist.

Die Römer hielten Steinbutte in ihren Meerwasserbehältern und mästeten sie mit Gänselebern. Der zubereitete Fisch wurde auf einem Silbertablett serviert, und manchmal setzte man ihm dabei eine kleine goldene Krone auf, das Symbol für den König der Fische, als der der Steinbutt lange galt.

Kaiser Domitian bekam einmal einen Steinbutt von einer solchen Größe geschenkt, daß sich kein passendes Kochgefäß für ihn fand. Auch der eigens zusammengerufene Senat wußte keinen Ausweg. Der Vorschlag eines Senators, den Fisch zu zerteilen, fand keine Gnade. Endlich wurde beschlossen, einen Töpfer zu holen, der umgehend ein geeignetes Gefäß herstellen sollte. Und damit Ähnliches nicht wieder geschehen konnte, entschieden sich die Senatoren dafür, dem kaiserlichen Gefolge künftig einige Töpfer zuzuordnen, die stets bereitzustehen hatten, wenn sich die Ausrüstung der kaiserlichen Küche als unzureichend erwies.

Unter den vielen Steinbutt-Anekdoten ist diejenige vom Kardinal Fesch am berühmtesten, dem es widerfuhr, daß ihm am Morgen vor einem Festmahl gleich zwei der kostbaren Speisefische ins Haus gebracht wurden. Einer davon hätte leicht ausgereicht. Den zweiten konnte man nicht für eine spätere Gelegenheit aufbewahren.

Der Kardinal bat seinen Küchenchef, sich eine geeignete Lösung einfallen zu lassen. Das geschah dann auch, und zwar folgendermaßen: Die Bediensteten trugen zunächst den prächtig aufgeputzten ersten Steinbutt herein. Dabei stolperte einer von ihnen, die Platte stürzte zu Boden und zerbrach, der Steinbutt lag auf dem Fußboden. In die allgemeine Verblüffung und Trauer mischte sich die Stimme des Haushofmeisters, der den Dienern befahl: „Bringt einen anderen Steinbutt!" Die Flügeltür öffnete sich, herein kamen die Küchenbediensteten mit einem ebenso majestätischen Steinbutt wie dem gerade zu Boden gefallenen.

Die Einfachheit und Majestät eines Helden sagte der Feinschmecker Grimod de la Reynière dem Steinbutt nach, den er seiner Schönheit wegen als „Fasan des Meeres" bezeichnete. Steinbutt ging ihm über alles, und so ist es kein Wunder, daß Grimod auch mitten in der Französischen Revolution nichts anderes im Kopf hatte als eben Steinbutt und unendlich bedauerte, daß „in diesen furchtbaren Revolutionstagen niemals auch nur ein einziger wirklich guter Steinbutt in den Hallen zu finden gewesen sei".

Neue Fische werden getestet

Was tut die Fischindustrie, wenn die Fänge zurückgehen, weil bestimmte Meeresregionen überfischt und für einige Zeit für die Fangflotten gesperrt sind und bei bestimmten Fischarten nur genau festgelegte Mengen gefangen werden dürfen? Sie muß sich nach anderen als den gewohnten Fischen umsehen, eine Aufgabe, die schon wegen des Beharrungsvermögens der Verbraucher nicht ganz einfach zu lösen ist — sie wollen, wie gehabt, in erster Linie Kabeljau, Rotbarsch, Seelachs und Heringe, soweit die Massenfische betroffen sind. Nun ist es natürlich kein Zufall, daß gerade diese Fische die Spitze der Fangliste bilden. Sie konnten bisher unter relativ günstigen Bedingungen gefangen werden, und die Fangflotten hatten sich auch technisch auf sie eingestellt. Außerdem waren und sind gerade diese Fische einigermaßen problemlos für den Verbraucher aufzubereiten. Auch die Fischwirtschaft, in der einschließlich Fischhandel etwa 30000 Menschen in der Bundesrepublik Deutschland beschäftigt sind, muß also mit Umgewöhnungs- und Umstellungsfragen rechnen, wenn es darum geht, neue Fische zu fangen und marktgerecht anzubieten. Fangflotten und Fischfabriken sind hochspezialisierte Betriebe.

Die Bezeichnung „neue Fische" ist freilich ungenau. Es gibt diese Fische, die nun einem Test unterzogen werden, schon immer. Nur hat man sie nicht gefangen, weil sie vom Verbraucher nicht „angenommen" wurden, weil ihr Fang längere und teure Reisen voraussetzte, weil ihre Weiterverarbeitung technische Probleme aufgab — und noch aus einem halben Dutzend anderer Gründe. An Fischnahrung wird es also nie fehlen müssen. Aber nicht jeder Fisch paßt in den industriellen Rahmen der Fischfänger und -verarbeiter, und nicht mit jedem Fisch freundet sich der Fischverbraucher an.

Der romantische Eindruck, den dieses Bild von einem Fangschiff vermitteln mag, trügt: In Wirklichkeit ist Fischfang auf hoher See harte Arbeit, die ganze Kerle braucht.

Zunächst einmal wurden Fischarten getestet, die schon immer im Angebot vertreten waren, aber mehr ein Randdasein führten oder nur in bestimmter Erscheinungsform auf den Markt kamen. Das gilt beispielsweise für die Makrele, die es fast nur in geräucherter und eingelegter Form gab. Nun wird sie in größerem Umfang auch frisch angeboten — mit gutem Erfolg.

Auch der Merlan oder Wittling aus der Verwandtschaft des Schellfischs war zumindest an der Küste schon immer bekannt und beliebt. Er stammt aus der südwestlichen Nordsee und wird in Schleppnetzen aus mittleren Wassertiefen gefangen. Der messingfarben glänzende Fisch galt bisher als nur wenig gefragter Beifang und wurde größtenteils zu Fischmehl verarbeitet. Es hat sich gezeigt, daß er dazu zu schade ist.

Vor den Küsten Nord- und Südamerikas und Südafrikas ist der Seehecht weit verbreitet. Er ist ein Raubfisch, der in Tiefen bis 600 m lebt, während der Nacht jedoch in ganzen Rudeln in höhere Wasserschichten aufsteigt und hier nach Kleinfischen und Tintenfischen jagt.

Der Schwarze Heilbutt war bisher schon als Räucherfisch bekannt. Heilbutte gehören zu den größten Plattfischen überhaupt, sie werden im Beifang der Schleppnetzfischerei und an Langleinen gefangen und können deshalb zwar das Angebot ausweiten und interessanter machen, aber niemals als Massenfische eine Rolle spielen.

Andere, bei uns bisher unbekannte Seefische sind beispielsweise der Kaiserbarsch, der im Atlantik vor Spanien und Portugal gefangen wird und sich auch räuchern läßt, oder der Pfeilhecht, ein schlanker Raubfisch, der im Atlantik und Pazifik vor den Küsten Amerikas und Westindiens als Barracuda weit verbreitet ist, in Europa aber nur in einer einzigen Art im Mittelmeer vorkommt. In Schlepp- oder Kiemennetzen wird häufig der Stöcker, auch Bastardmakrele genannt, als Beifang gefangen. Er ist von Südnorwegen bis Südafrika anzutreffen, lebt als Schwarmfisch in den oberen Wasserschichten und wird meist nicht über 25 cm lang. In Südeuropa kennt man den Stöcker als Frisch- oder Räucherfisch. Bei uns soll seine Einführung versucht werden.

In vielen Meeren gibt es Zackenbarsche unterschiedlicher Größe und Färbung. Sie eignen sich möglicherweise ebenso als Speisefische wie die in den Küstengewässern lebenden Maifische, die so genannt werden, weil sie im Mai zum Laichen in die Flüsse aufsteigen. Noch mehr versprechen sich die Spezialisten von der auf der südlichen Halbkugel verbreiteten Sardinenart, die Ausfälle an Heringsfängen ausgleichen könnte. Die Fische sollen unter der Bezeichnung Heringsfisch-Pilchard in den Handel kommen, sie sind wesentlich größer als jene Sardinen, die wir in Öl eingelegt kennen.

Zu den neu eingeführten Fischen, die der Verbraucher schon erprobt, gehört vor allem der Blauleng, der vor Norwegen gefangen wird (dort wie in Schweden und Island ist er schon lange ein beliebter Speisefisch) und sich problemlos verarbeiten läßt. Er schmeckt ähnlich wie ein Kabeljau, wird bis zu 150 cm lang und ist in Tiefen zwischen 200 und 1500 m zu finden.

Mit dem Blauleng, vor allem aber mit dem schon erwähnten Merlan verwandt ist auch der Blaue Wittling, von dem es im Atlantik riesige Bestände gibt. Bisher wurde er nur zu Fischmehl verarbeitet. Einstweilen erweist es sich noch als schwierig, den Fisch abzuhäuten — mit der Haut geht auch das Fleisch in Fetzen herunter. Die Fachleute arbeiten an Methoden, dieses Problem zu lösen. Es wird wohl noch einige Zeit dauern, bis Filet vom Blauen Wittling auf den Markt gebracht werden kann.

Auch beim Goldlachs, einem bis zu 50 cm langen Lachsverwandten, der im Nordatlantik gefangen werden kann, sind die Verarbeitungsprobleme noch nicht gelöst. Nicht nur das Enthäuten macht Schwierigkeiten, sondern auch die Hauptgräte widersetzt sich einstweilen noch der maschinellen Auslösung.

Schließlich ist unter den Fischen, die uns eines Tages in den Fischgeschäften erwarten werden, noch der Grenadierfisch zu erwähnen. Sein guter Geschmack wird gerühmt, aber nur 25 Prozent des Fisches lassen sich in Filets verwandeln, der Rest ist Schwanz und Kopf. Daß der in Tiefen bis zu 1600 m lebende Fisch rein äußerlich nicht dem Bild entspricht, das wir uns von einem „ordentlichen" Fisch zu machen gewöhnt sind, muß für seine Einführung kein Hinderungsgrund sein, weil es genügen würde, nur das Mittelstück oder die Filets anzubieten. Der Grenadierfisch ist mit seinem riesigen Kopf, dem großen, vorstehenden Maul, den für

Tiefseeverhältnisse idealen sehr großen Augen und der fehlenden Schwanzflosse nicht gerade ein Musterbild von einem Fisch.

Zu den besonders hoffnungsträchtigen Eiweißlieferanten könnte auch, davon waren die Fischforscher überzeugt, ein Kleinkrebs namens Krill gehören, der in der Antarktis in riesigen Mengen vorkommt. Er diente einst den nun weitgehend ausgerotteten Walen als Hauptnahrung. Die Bestände werden auf fünf Milliarden Tonnen geschätzt. Theoretisch wäre es möglich, jährlich 100 Millionen Tonnen abzufischen, ohne die Bestände zu gefährden. Das wäre ungefähr die Menge, die früher von Walen gefressen wurde — und bedeutend mehr als die derzeitige Jahresweltproduktion an Fisch und Fleisch zusammen. Der Krill bilde „die größte, noch kaum angezapfte Quelle tierischen Eiweißes", konstatierte ein sonst eher nüchterner Wissenschaftler begeistert.

„Es wird damit gerechnet, daß durch die neuartige Verwendung von Krill als Lebensmittel oder als Tierfutter eine beträchtliche Entlastung der traditionellen Fischbestände möglich sein wird", so die Bundesforschungsanstalt für Fischerei.

Nicht alle diese Hoffnungen gingen freilich in Erfüllung. 1980 fanden norwegische Forscher heraus, daß der Krillkrebs fünfzehn- bis dreißigmal mehr Fluor enthält als alle anderen bekannten Fische oder Krebse — auf jeden Fall mehr, als der menschlichen Ernährung zuträglich wäre. So wird also der Krill einstweilen bleiben, was er schon immer war: ein Futtermittel.

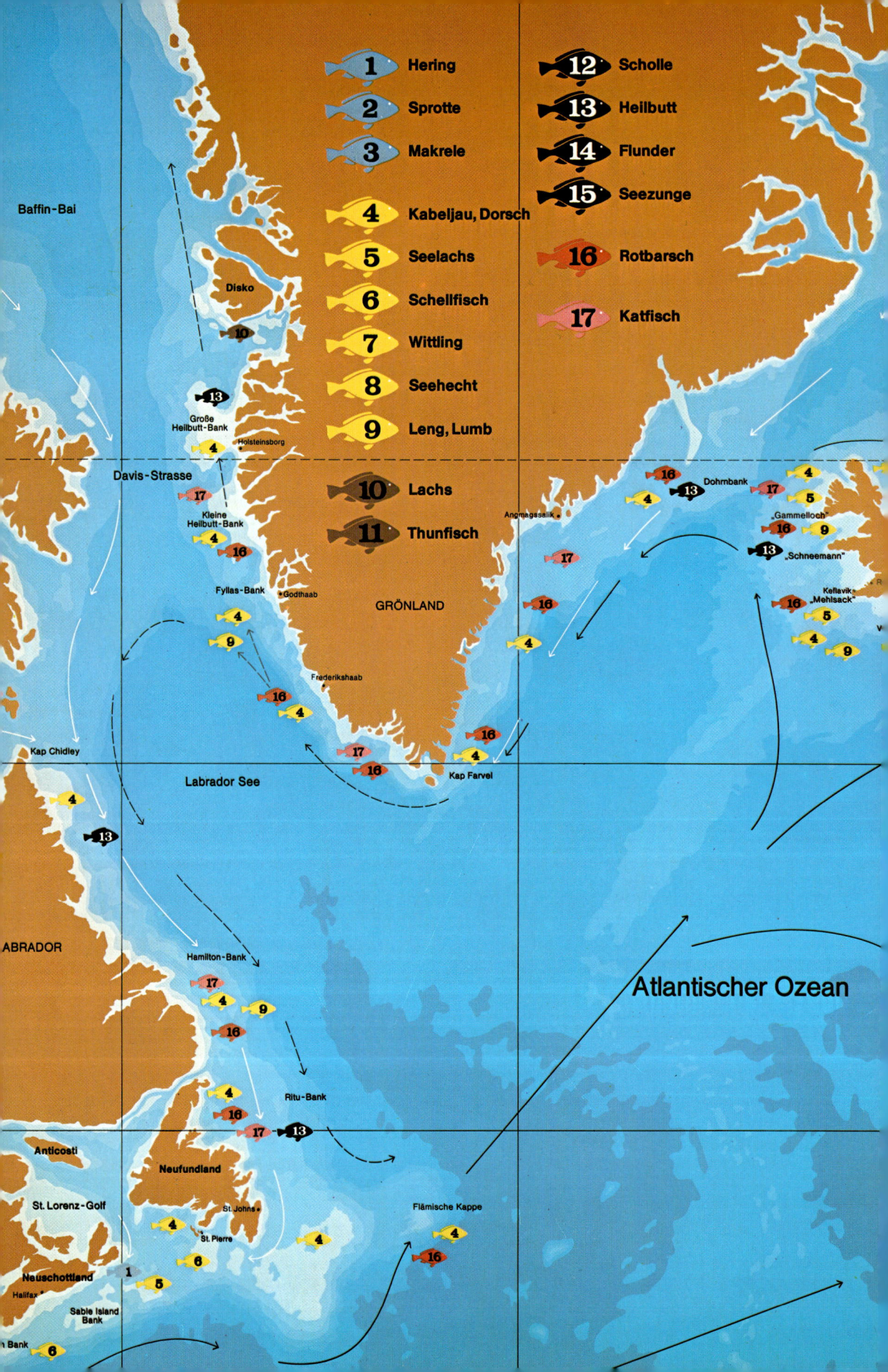

Legend (Fish species):

1. Hering
2. Sprotte
3. Makrele
4. Kabeljau, Dorsch
5. Seelachs
6. Schellfisch
7. Wittling
8. Seehecht
9. Leng, Lumb
10. Lachs
11. Thunfisch
12. Scholle
13. Heilbutt
14. Flunder
15. Seezunge
16. Rotbarsch
17. Katfisch

Map labels:

Baffin-Bai

Disko

Große Heilbutt-Bank

Davis-Strasse

Holsteinsborg

Kleine Heilbutt-Bank

Fyllas-Bank

Godthaab

GRÖNLAND

Angmagssalik

Dohmbank

„Gammelloch"

„Schneemann"

Keflavik „Mehlsack"

Frederikshaab

Kap Farvel

Kap Chidley

Labrador See

ABRADOR

Hamilton-Bank

Ritu-Bank

Anticosti

St. Lorenz-Golf

Neufundland

St. Johns

St. Pierre

Flämische Kappe

Neuschottland

Halifax

Sable Island Bank

Bank

Atlantischer Ozean

Fisch-Fanggebiete

Das weite Feld der Meeresfrüchte

Nicht nur Fische liefert uns das Meer, sondern auch zahllose andere „Meeresfrüchte", wie Krebstiere und Muscheln, Tintenfische und Stachelhäuter zusammenfassend genannt werden. Nur wenige davon kommen vor den deutschen Küsten vor. Aber seitdem Urlauber in Spanien, Italien oder Frankreich Scampi und Crevetten, Shrimps und Gamberetti, Calamari und andere Spezialitäten kennengelernt haben, sind viele davon, meist konserviert oder eingefroren, auch in unsere Feinkost- und Fischläden eingezogen. Von den Tausenden von Arten, die es in den Weltmeeren gibt, seien die interessantesten deshalb hier aufgezählt und abgehandelt.

Mengenmäßig spielen die Garnelen die größte Rolle unter den Meeresfrüchten. Ihr zartes, aromatisches Fleisch eignet sich für Speisen aller Art, es bildet die Grundlage delikater Salate und Ragouts, verfeinert Fischgerichte und Eierspeisen, läßt sich mit Gemüsen und Früchten kombinieren.

Die wichtigste Garnele, präziser Nordseegarnele, wird bei uns im allgemeinen als Krabbe oder Nordseekrabbe verkauft. Zoologisch gehört sie zu den langschwänzigen Zehnfußkrebsen. Die Franzosen nennen sie Crevette grise, die Engländer True Shrimp, die Holländer Granat. Nordseekrabben sind ungeschält etwa 6 cm lang und sehen grau-glasig aus. Erst beim Kochen (noch an Bord oder sofort nach dem Ausladen an Land) färbt sich der Panzer rötlich.

Bedeutend größer als Nordseekrabben sind verschiedene in der Tiefsee lebende Garnelenarten. Sie werden bis zu 12 cm lang. Zusammenfassend werden sie Tiefseegarnelen genannt. In England und den USA stehen sie als Shrimps oder Prawns auf der Speisekarte, in Italien als Gamberi. Auch als Grönlandkrabben werden sie manchmal be-

Malerische Szene im Hafen der Krabbenkutter im holländischen Enkhuizen am Ijsselmeer.

zeichnet. Tiefseegarnelen sehen wie große Nordseekrabben aus, haben aber einen blaßrosa Panzer, der beim Kochen rosarot anläuft. Bei uns kommen sie konserviert oder auch tiefgefroren in den Handel.

Zu den langschwänzigen Zehnfußkrebsen gehören auch die Flußkrebse, die im Gegensatz zu den Garnelen nur süßes Wasser bewohnen. Sie waren einst in Deutschland weit verbreitet, wurden aber durch eine Krebspest zu Ende des vorigen Jahrhunderts ausgerottet. Einst konnte man sie im Oderbruch in großen Mengen von den Bäumen schütteln, wohin sie sich bei Hochwasser geflüchtet hatten.

Im 17. Jahrhundert pflegte man die Krebse roh mit Salz, Pfeffer, Essig und Öl zu verspeisen und verband allerlei abergläubische Vorstellungen mit den leckeren Krustentieren. So berichtete ein naturkundliches Buch: „Die Asche von Krebsen, an einem feuchten Ort bewahrt oder mit Regenwasser befeuchtet, gibt innerhalb zwanzig Tagen kleine Würmer, und wenn man Rindsblut darauf spritzt, so werden Krebse daraus."

Berühmtester Vetter des Krebses ist der Hummer, der einst in größeren Mengen vor Helgoland gefangen werden konnte, nun aber importiert werden muß, weil die eigenen Bestände längst nicht mehr ausreichen. Der Hummer ist ein Raubtier, er ernährt sich vorwiegend von Fischen, Muscheln und Seeigeln, kann bis zu 50 Jahre alt werden und erreicht dann Längen von 50–70 cm.

Bekannteste Verwandte des Hummers sind die Langusten, die in gemäßigten und warmen Meeren heranwachsen, also etwas wärmeempfindlicher sind als Hummer. Im Gegensatz zu den Hummern haben sie keine Scheren. Wegen ihres mit Stacheln besetzten Panzers werden die Langusten auch Stachelhummer genannt. Ihr Panzer ist von Natur aus rötlichviolett mit gelben Flecken. Erst beim Kochen färbt er sich orangerot. Langusten werden bis zu 60 cm lang und über 2 kg schwer. Je nach der Herkunft werden sie lebend oder gekocht (und dann tiefgefroren) importiert. Langusten-

fleisch schmeckt wie Hummer, es ist nur etwas trockener.

Die Tiefseekrebse, bekannter unter den Bezeichnungen Scampi (Italien), Langustine (Frankreich) oder Kaisergranat, ähneln dem Hummer, sind aber viel kleiner (bis 24 cm) und haben schlanke Scheren – an ihnen kann man sie leicht von den Tiefseegarnelen unterscheiden. Sie leben in Tiefen von etwa 300 m auf weichem Grund des Nordatlantik bis zum Mittelmeer. In der Ostsee kommen sie nicht vor.

Von welchem Krebstier das als Crabmeat verkaufte Fleisch stammt, ist nicht mit Sicherheit zu sagen. Auf jeden Fall muß es sich um das Fleisch von großwüchsigen Krabben handeln, die (im Gegensatz zu den bisher besprochenen Langschwanzkrebsen) zoologisch zu den Kurzschwanzkrebsen gehören. Auch davon gibt es eine ganze Menge, wovon aber nur ein Teil der menschlichen Nahrung dient. Bekannt ist der Königskrebs, auch Kamtschatkakrebs oder -krabbe oder Meerspinne genannt. Es gibt aber in der näheren Verwandtschaft auch die Königin- oder Schneekrabbe, die Blau- und die Tannerkrabbe, lauter Krebstiere aus der Kategorie der Dreieckskrabben. Alle diese Tiere, ebenso der Taschenkrebs oder die Strandkrabbe, sind Lieferanten von Crabmeat, das stets konserviert angeboten wird. Manche Krebse dieser Gattung haben Körperdurchmesser von 25 cm und mehr, dazu halbmeterlange, spinnerartige Beine, in denen das eßbare Fleisch sich befindet – der Körper ist, kulinarisch betrachtet, nur Beiwerk. Fische und Krebse gibt es im Meer in unvorstellbarer Fülle: je 20 000 Arten oder mehr. Das ist aber noch gar nichts gegen die Weichtiere, von denen über 100 000 Arten bekannt sind. Ihnen sind so begehrte Leckerbissen wie Miesmuscheln und Austern zuzuordnen, aber auch die Tintenfische, die also, zoologisch betrachtet, gar keine Fische sind, sondern eben Weichtiere: Sie besitzen kein Innenskelett, daher der Name.

Tintenfische heißen so, weil einige Arten (längst

Wie zur Zeit Maximilians I. in der Drau an der Lienzer Klause Krebse gefangen wurden, zeigt diese Tafel aus dem Tiroler Fischereibuch, dessen Original sich in der Österreichischen Nationalbibliothek befindet. Vom Fackelschein angelockt, konnte man die Krebse zum Teil mit der Hand fangen. In dem vierspännigen Faßwagen wurden sie dann lebend an den kaiserlichen Hof gebracht.

nicht alle) über eine spezielle Drüse verfügen, aus denen sie bei Gefahr eine Tinten- oder Sepiawolke ausstoßen können, um sich im Wasser „einzunebeln", Feinden gegenüber also unsichtbar zu machen. Die Fisch-Tinte (das Melanin) ist im Originalzustand eine breiartige Masse von erstaunlicher Farbintensität. Sie kann etwa das Tausendfache ihres Volumens an Wasser trüben.

Nur wenige der über 600 Tintenfischarten werden für die menschliche Ernährung verwendet, obwohl Meeresforscher immer wieder auf die riesigen, ungenutzten Eiweißmengen hinweisen, die sich hier für Küche und Teller anbieten. Erst die Reisewelle hat den Tintenfisch auch für mitteleuropäische Gaumen interessant gemacht — Rezepte vor allem aus Italien, Spanien und Griechenland zeigen, was man mit den seltsam geformten Tieren anfangen kann, und Tintenfischgerichte fehlen in Restaurants mit mittelmeerischer Küche niemals auf der Speisekarte.

Freilich fällt es uns einstweilen noch schwer, die verschiedenen Gattungen und Arten auseinanderzuhalten.

Zu den zehnarmigen Tintenfischen gehört der bis zu 40 cm lange Gemeine Tintenfisch (italienisch Seppia, französisch Seiche, spanisch Jibia), dessen Mantel und Arme, meist fritiert oder gebacken, am Mittelmeer als Leckerbissen gelten. Manchmal bereitet man ihn auch „in eigener Tinte" zu. Das Tintensekret diente früher als Grundlage der Malerfarbe Sepia.

Davon zu unterscheiden sind die ebenfalls zehnarmigen Kalmare, von denen es viele Arten gibt. Gegessen wird vor allem der Gemeine Kalmar (italienisch Calamaro, französisch Encornet, englisch Squid, spanisch Calamar), der küchenfertig und tiefgefroren angeboten wird. Aber auch der größere Pfeilkalmar aus dem Mittelmeer oder der bei uns in Dosen verkaufte Kalifornische Kalmar werden von Kennern geschätzt.

Wie die Tintenfische zählen auch die Muscheln zu den Weichtieren. Die meisten der etwa 25 000 Arten leben im Meer, darunter Musterexemplare wie die 150 cm lange und 250 kg schwere Riesenmuschel aus dem Indischen Ozean mit 10 cm dicken Schalen.

Deutschland ist kein Land der Muschelesser. Nur die Miesmuschel wird in nennenswertem Umfang geerntet und verspeist. Die bis zu 8 cm großen blauschwarzen Muscheln kommen in der Nordsee vor, außerdem im Atlantik. Muschelkulturen gibt es in nord- und ostfriesischen Küstengewässern. Die Tätigkeit der Muschelzüchter wird von den Gesundheitsbehörden überwacht. Der Jahresertrag liegt bei 6000 Tonnen. Als Muschelsaison gelten die Monate von Ende September bis Ende März.

Erst in den letzten Jahren hat sich bei uns der Genuß der aus dem Atlantik stammenden Jakobsmuscheln, französisch Coquilles St.-Jacques, englisch Scallops genannt, eingebürgert. Diese Muschel hat einen Durchmesser von etwa 12 cm. Die Schalen werden als Ragoutförmchen verwendet. Bei uns kommt das ausgelöste Muschelfleisch tiefgefroren auf den Markt. Es ist fest und schmackhaft und läßt sich zu vielerlei schmackhaften Gerichten verwenden.

Als prominenteste Muschel gilt die Auster, die (zumindest bei uns) ein Hauch von Exklusivität umgibt. In anderen Ländern, etwa in den USA, gelten Austern als durchaus alltägliche Speise. Die begehrten Schaltiere leben in Kolonien, den Austernbänken, vorwiegend in wärmeren Meeren. Der weitaus größte Teil der bei uns frisch angebotenen Austern stammt aus den Austernparks, großen gemauerten Becken, die mit dem Meer in Verbindung stehen. So können sie sich ungestört vermehren und entwickeln. Manche Austern produzieren jährlich bis zu 60 Millionen Eier, von denen aber nur ein winziger Bruchteil zu ausgewachsenen Austern heranwächst. Im freien Meer fallen die meisten Austerneier den Planktonfressern und Raubfischen zum Opfer. Besondere Liebhaber von Jungaustern sind Seesterne und Purpurschnecken. Aber auch das Wetter begrenzt die ungehemmte Vermehrung der Austern.

Von der Austernzucht verstanden schon die Römer der Antike eine ganze Menge. Als erster legte ein gewisser Sergius Orata, der zur Zeit des Lucius Crassus (also um 100 v. Chr.) lebte, regelrechte Austernbänke an. Die Römer importierten aber auch schon Austern aus ihren Außenbezirken (England, Spanien). Besonders beliebt war eine Sorte, die Tridacna, die Dreibissige, hieß, weil man dreimal zubeißen mußte, um sie zu verspeisen. Aus der Römerzeit stammen auch die ersten

Berichte über Austern-Vielfresser. So soll Kaiser Vitellius viermal am Tag Austern verschlungen haben, und zwar niemals weniger als 100 Dutzend, was zusammen die stolze Tagesbilanz von 4800 Austern ergeben würde. Da scheint doch irgend jemand das Fassungsvermögen der kaiserlichen Majestät weit überschätzt zu haben.

Schließlich noch ein kurzer Abstecher in die Familie der Stachelhäuter, von denen vor allem Seesterne und Seelilien bekannt sind. Auch hier finden sich eßbare Arten. So kann man Seegurken oder -walzen zu interessanten Gerichten verarbeiten (was z. B. in China und Korea geschieht) oder ihre eßbaren Teile trocknen und räuchern — das Endprodukt heißt Trepang und dient zur Zubereitung von Ragouts und Frikassees, vor allem aber von Suppen, die es, in Dosen gefüllt, auch bei uns zu kaufen gibt.

Stachelhäuter sind auch die Seeigel, die in vielen Küstenregionen, so am Mittelmeer, als Delikatesse mit angeblich liebeskraftfördernder Wirkung geschätzt werden. Ihr Inneres, bestehend aus den orangegelben Keimdrüsen, schmeckt nach Austern mit einem Anklang an Krebse.

Nächste Doppelseite: In vielen Ländern ist der Fischfang und Handel der einzige Erwerbszweig der Küstenbewohner. Daher sind große Fischmärkte lebendige Tradition wie zum Beispiel hier in Nazaré in Portugal.

Exkurs über die Sportfischerei

Im Gegensatz zum Berufsfischer kommt es dem Sportfischer nicht in erster Linie auf den Fangertrag, sondern auf das sportliche Vergnügen des waidgerechten Angelns an — nicht auf die Menge der Fische, sondern auf den Einzelfisch, den möglichst stattlichen. Damit ist nicht gesagt, daß ein Sportangler etwas gegen einen gespickten Hecht oder eine blau gesottene Forelle einzuwenden hätte. Aber viele Angler angeln eben auch dann, wenn nichts Eßbares dabei herauskommt. So müssen beispielsweise an der Elbe die geangelten Fische wieder ins Wasser zurückgesetzt werden — der Fluß ist so verschmutzt, daß die Fische ungenießbar sind.

Ähnliche Probleme ergeben sich auch bei anderen Flüssen, für die sich Sportfischer interessieren. Es gibt fast eine Million Hobbyangler in der Bundesrepublik, die rund 3500 Sportfischervereinen angehören oder auch ohne Vereinsbindung angeln. Die Nachfrage nach Angelgewässern übersteigt das Angebot ganz beträchtlich. Demgemäß haben Pachtzinse und Kaufsummen für eigene Gewässer astronomische Beträge erreicht.

Passionierte Sportangler verfügen manchmal über eine hochspezialisierte Ausrüstung, die bis zu 20 000 Mark kosten kann — mit Ruten und Rollen für alle möglichen Zwecke und Techniken. Wer erst mit der Angelei beginnen will, kommt mit wesentlich weniger aus.

Eine bestimmte Angeltechnik für alle Fälle gibt es nicht. Im Lauf der Jahrzehnte wurden zahllose raffinierte Methoden entwickelt, die Fische zu überlisten und das Angeln immer noch spannender zu machen.

Beim Grundangeln, der einfachsten Technik, wird beispielsweise mit natürlichem Köder geangelt. Den Schwimmer stellt man so ein, daß der Haken mit Köder 20–100 cm über dem Boden des Fischwassers schwebt.

Im Gegensatz zu dieser Technik wird die Angel beim Spinnangeln, der heute am weitesten verbreiteten Technik, bewegt: Kurz nach dem Eintauchen bzw. Absinken des Köders — das hängt von der Wassertiefe ab — rollt man die Angelschnur lang-

sam wieder ein. Hat ein Fisch gebissen, setzt man sofort einen kräftigen „Anhieb", um den Haken möglichst sicher im Maul des Fisches zu befestigen. Beim anschließenden „Drill" muß die Schnur immer straff bleiben, damit die stete Verbindung zum Fischmaul nicht verlorengeht — und zwar auch dann nicht, wenn der Fisch sich im Sprung aus dem Wasser schnellt, eine besonders gern von alten, erfahrenen Hechten geübte Taktik.

Als Hohe Schule der Sportfischerei gilt das Flugangeln auf Raubfische. Das Prinzip beruht darauf, daß man den Fischen ihre Lieblingsnahrung, Insekten der verschiedensten Art, wechselnd nach Standort und Jahreszeit, möglichst unauffällig anbietet. An leichter Schnur befestigte künstliche Fliegen werden in kompliziertem Wurfverfahren als „Trockenfliegen" auf oder als „Naßfliegen" unter die Wasseroberfläche gebracht. Die Arten des Werfens, der Schnurführung, des Drills und die Auswahl der Köder bilden eine Art Geheimwissenschaft.

Welche Fische sind für den Angler interessant? In der Gunst der deutschen Sportfischer steht unter den Süßwasserfischen der Hecht an erster Stelle. Beliebt sind auch Raubfische wie Zander, Barsch, Aal und Waller (Wels). Die weniger interessanten, weil grätenreichen Weißfische Aland, Döbel und Rapfen gehören ebenfalls zu den Raubfischen. Friedfische in Flüssen und Seen sind Karpfen und Schleie, ferner Rotauge, Rotfeder, Brassen und andere Weißfische.

Die Bestände an Lachsen, Bachforellen, Saiblingen und Äschen sind wegen der schlechten Wasserqualität in Deutschland stark zurückgegangen. In Skandinavien, Schottland und Irland gibt es noch genug davon.

Meeresangler an der Nord- und Ostseeküste haben es in erster Linie auf den Dorsch, den jungen Kabeljau, abgesehen, ferner auf Hornhecht, Makrele und Aal und (bei den Plattfischen) auf Scholle, Flunder und Goldbutt. In nördlichen Breiten kann man in größeren Tiefen Heilbutt und Glattrochen, Meeraal und Steinbeißer fangen, manchmal auch Herings- und Blauhai, Köhler und Lengfisch.

Süßwasserfische – bei Licht betrachtet

Was Berufsfischer und Sportangler aus deutschen Binnengewässern ernten, gehört zu den köstlichsten Zutaten der Fischküche. Unter den Dutzenden von Arten sind Aal und Hecht, Karpfen, Forelle und Lachs am beliebtesten. Mit einigen anderen gehören sie zu den Edelfischen. Daneben gibt es eine große Zahl weiterer Süßwasserfische, die zum Teil nur in bestimmten Gewässern vorkommen. Für die Berufsfischer ist der Aal heute am interessantesten — andere Fische leiden stärker als der schlangenglatte und -förmige Fisch unter der Gewässerverschmutzung. Obwohl der Aal seine Jugendjahre in salzigem Wasser verbringt, rechnet man ihn zu den Süßwasserfischen. In Süßgewässern wird er erwachsen, hier fängt man ihn auch. Schon um 1100 wird der Aal in Deutschland als Speisefisch erwähnt, und zwar in einer Stiftungsurkunde des Grafen Elimar von Odenburg, derzufolge die Mönche des Klosters Iburg jährlich zu Mariä Geburt 90 Bund Aale erhalten sollten. Als Gegenleistung mußten die Mönche den Grafen und seine Familie in ihre Gebete einschließen. Noch viel früher kommt der Aal bei Aristophanes vor. Aber erst vor rund 100 Jahren begannen die Meeresforscher Näheres über die merkwürdige Lebensgeschichte des Aales herauszufinden. Bis dahin waren die abenteuerlichsten Geschichten über den Fisch im Schwange gewesen. So hieß es, Aale entstünden aus Pferdehaaren, die ins Wasser fielen und auf wundersame Weise zum Leben erwachten. Der dänische Forscher Johannes Schmidt deckte als erster die wahren Vorgänge auf. Er fand heraus, daß die geschlechtsreifen Aale (und zwar sowohl die europäischen wie die amerikanischen) sich auf den Weg in das nördliche Sargassomeer machen,

Fischfang in Fernost: Ein Fischerboot mit dem typischen asiatischen Segel treibt in der Abenddämmerung auf dem Kasumiga-See nördlich von Tokio.

um dort im mehrere 1000 m tiefen Wasser zu laichen. Ein Aalweibchen kann dabei bis zu 20 Millionen Eier abgeben. Nach dem Laichen sterben die Elterntiere. Die Eier treiben in höhere Wasserschichten. Dort schlüpfen die winzigen Larven aus. Meeresströmungen nehmen die Larven mit. Sie treffen noch im gleichen Jahr an der amerikanischen Küste ein. Die europäischen Aale sind dagegen erst nach zweieinhalb Jahren am Ziel. Beim Transport hilft ihnen der Golfstrom. Auf dem europäischen Festlandssockel verwandeln sich die blattförmigen Larven in durchsichtige Glasaale, die im folgenden Frühjahr in riesigen Schwärmen in die Süßwasserflüsse einwandern.

Die Jungaale wachsen in 5–15 Jahren zu laichreifen Aalen heran, je nach den Nahrungsbedingungen. Nur die weiblichen Tiere werden zu „ausgewachsenen" Aalen mit einem Gewicht von 300 g bis 1 kg und einer Länge bis zu 75 cm. Die Männchen, nur etwa 100 g schwer und 40 cm lang, scheinen in den Aalfamilien eine untergeordnete Rolle zu spielen.

Beliebtester Angelfisch ist, wie schon erwähnt, der Hecht. Je größer, desto besser — selbst auf die Gefahr hin, daß mit dem „Hechtgroßvater" in der Küche nicht mehr viel anzufangen ist.

Von Superhechten berichten schon ältere Quellen. So heißt es in einem Fischbuch von 1557, es sei 1497 bei Kaiserslautern ein 19 Fuß (etwa 5,70 m) langer Hecht an Land gezogen worden, der 350 Pfund gewogen habe. Von dem berühmten Fisch mußte ein Künstler ein Gemälde anfertigen, und das Gerippe wurde in Mannheim öffentlich ausgestellt.

Die Hechte sind ausgesprochene Einzelgänger und angriffslustige Räuber. Sie laichen im Frühjahr im flachen Wasser, sind aber ausgesprochene Rabeneltern, wie die meisten Fische — das heißt, sie bauen weder Nester noch betreiben sie Brutpflege. Ihr Einzelgängerdasein bedeutet, daß ein Gewässer immer nur eine begrenzte Anzahl Hechte aufnehmen kann. Angler müssen deshalb oft größere Strecken abfischen, bevor sie einen Hecht erwischen — und auch dafür gibt es keine Garantie, weil die Hechte manchmal tagelang nicht auf Jagd gehen.

Der Karpfen, ein anderer beliebter Angelfisch, der schon seit Jahrhunderten systematisch gezüchtet wird, stammt aus Osteuropa und Asien und kam vermutlich aus dem Schwarzen Meer nach Mitteleuropa.

Ein Karpfenweibchen kann bis zu einer Million Eier legen. Weniger leistungsfähig sind auch bei diesem Fisch die Männchen. Ihre Samen sterben schon nach etwa 100 Sekunden ab und eignen sich dann nicht mehr zur Befruchtung (wenn es anders wäre, würden alle Teiche vor Karpfen überquellen). Deshalb pflegen Karpfenzüchter jedem weiblichen Karpfen zwei bis drei männliche zuzuordnen.

Karpfendamen huldigen also der Vielmännerei, und trotzdem sind sie das einzige bekannte Mittel, um ein Mädchen wieder in eine Jungfrau zu verwandeln. Die Jungfrauenaspirantin braucht nur einen Karpfenschwanz zu halbieren, schon geschieht das Wunder. Schwierig ist dabei lediglich, daß der Karpfenschwanz nicht etwa quer, sondern der Länge nach gespalten werden muß. Das hat bisher noch niemand zuwege gebracht …

Bei den Anglern gilt der Karpfen als besonders schlauer und vorsichtiger Fisch. Sie rechnen ihn zu den am schwierigsten zu fangenden Fischen. Oft genug kommt es auch vor, daß ein an der Schnur hängender Karpfen nach längerem Kampf die Oberhand behält, die Schnur von der Rolle zieht und sprengt und dann das Weite sucht.

Am populärsten von allen Süßwasserfischen ist die Forelle. Die „Petite Danseuse" (kleine Tänzerin) der eiskalten Forellenbäche und tiefen Teiche war bei den Römern noch nicht sehr beliebt — um so mehr bei den Mönchen des Mittelalters. Schon die Salerner Gesundheitsregeln von 1101 rechnen sie zu den 10 gesündesten Fischen, und die Klosterköche ließen sich eine Menge einfallen, wenn es um die Zubereitung der „Förheln" ging. Besonders beliebt scheinen die Genfer Forellen gewesen zu sein. Brillat-Savarin schwärmte für die Forellen aus dem Rhône-Nebenfluß Furens, der deutsche Dichter Wieland konnte sich für Appenzeller Forellen begeistern, und der Baron von Vaerst schrieb von den Engadin-Forellen, es seien auf der ganzen Welt keine besseren zu finden. Wilhelm Busch dagegen erinnerte sich in einem Brief an eine Freundin an jene Forellen, die er als junger Mann mit der Hand in einem Bächlein bei Göttingen gefangen hatte. Sie schmeckten ihm, weil gestohlen, besonders gut, und weil er später niemals mehr so gute Forellen vorgesetzt bekam, verzichtete er als reifer Mann ganz auf Forellen.

Wir haben es bei uns mit zwei Forellentypen zu tun. Die aus Europa stammende Bachforelle, ein gefräßiger Raubfisch, fühlt sich in kühlen und klaren Bächen am wohlsten, verträgt aber im Gegensatz zur aus den USA importierten Regenbogenforelle auch noch etwas höhere Temperaturen. Die Regenbogenforelle wird hauptsächlich in Zuchtbetrieben herangezogen. Ein Kuriosum sei am Rande vermerkt: Während sich die amerikanische Regenbogenforelle in Europa durchsetzte, wurde die europäische Bachforelle nach Amerika verpflanzt und fühlt sich dort in Bächen und Flüssen wohl. Seitdem gibt es beide Forellenarten in beiden Kontinenten.

Schließlich muß noch etwas über den Lachs oder Salm gesagt werden, von dem zwar alle Angler träumen, den sie aber in Mitteleuropa kaum noch fangen können — dazu sind Reisen in glücklichere und sauberere Lachsländer erforderlich. Die Zeiten, als es den Diensherrschaften am Rhein ausdrücklich verboten werden mußte, das Personal häufiger als zweimal in der Woche mit Lachs zu traktieren, sind endgültig vorbei.

Zu Zeiten Kaiser Maximilians, des Letzten Ritters, vergnügten sich die Herren damit, den Lachs mit dem Speer zu erlegen. Der Super-Edelfisch nahm schon immer eine besondere Stellung unter den Fischen ein. So pflegten die Ratsherren von Mittweida in Sachsen alljährlich den ersten im Mulde-flüßchen gefangenen Lachs an den kurfürstlichen Hof nach Dresden zu senden. Andere Städte folgten dem Beispiel. So wurde, was als freundliche Geste gedacht war, zum Gesetz erhoben. Fortan waren die Städte dazu verpflichtet, Erstlinge unter den Fischen, „insbesonderheyt aber, als da seyn Lachse", an die Hofküche abzuliefern.

Auch heute noch gilt Lachs, vor allem in geräucherter Form, als beliebte Gabe. Auf unseren Tisch kommt er hauptsächlich aus Skandinavien und Kanada — tonnenweise. Meister auf dem Gebiet der Lachsbereitung sind die Schweden, deren Graveded Lax (vergrabener Lachs), abgekürzt auch Gravlax genannt, tatsächlich früher in Erdgruben eingegraben wurde, um sanft gepökelt zu werden. Mit Gravlax feiern die Schweden vor allem die Walpurgisnacht (30. April), aber er schmeckt auch in den übrigen Monaten.

Der Lachs führt ein ähnlich aufregendes Leben wie der Aal — nur in sozusagen umgekehrter Richtung. Er lebt im Meer, steigt aber zum Laichen in die Flüsse auf. Die 10–20 cm großen Jungfische wandern dann wieder ins Meer ab, wo sie gierig fressen und deshalb verhältnismäßig schnell heranwachsen. Nach einem Jahr können sie schon 1–2 kg wiegen und sich an der ersten Laichwanderung, zurück in die Flüsse, beteiligen. Manchmal liegen die Laichplätze nicht weit vom Meer entfernt. In anderen Gegenden müssen die Lachse Hunderte von Kilometern weit wandern, bis die traditionellen Laichgründe erreicht sind.

Von der Fischzucht zur Aquakultur

Die fetten Jahre der Hochseefischerei sind vorbei. Aber auch die Binnenfischerei in Seen und Flüssen hat an Bedeutung verloren. Wie kann das Defizit an Eiweiß aus Fischen und anderen Meeresfrüchten im Rahmen der menschlichen Ernährung ausgeglichen werden? Hören wir einen Fachmann zu diesem Problem:

„Während die Gewässer in weniger kultivierten Ländern den Anwohnern ihren Bedarf an Fischen jederzeit reichlich liefern und unerschöpfliche Vorräte zu enthalten scheinen, ist bei steigender Kultur überall mit der Zunahme der Einwohnerzahl eine Verminderung des Fischreichtums eingetreten, und es hat sich herausgestellt, daß nur eine rationelle Bewirtschaftung des Wassers imstande ist, für die Schäden, die das Kulturleben den öffentlichen Gewässern bringt, dadurch wesentlich Ersatz zu schaffen, daß wir den von den Verunreinigungen der Industrie und der Häuser unbeeinflußten Rest unserer Gewässer durch sorgsame Behandlung ihrer Bewohner zu reicherer Lebensentfaltung bringen."

Kluge und vorausschauende Worte — aber sie stammen keineswegs von einem Fischwissenschaftler unserer Tage, sondern erschienen 1898 in der Brockhaus-Enzyklopädie, sind also schon über 80 Jahre alt. Es ist müßig, darüber nachzudenken, warum seitdem nichts Durchgreifendes geschehen ist, um die Fische vor den Menschen zu schützen. Die Umweltkatastrophe hat ihre eigenen, erst spät zu Tage tretenden Gesetzmäßigkeiten. An der fehlenden Erkenntnis hat es jedenfalls nicht gelegen, wie das Zitat nachweist.

Nun, nachdem das Kind im Brunnen liegt und die Prognosen für die Zukunft der Fischwirtschaft immer düsterer werden, geschieht freilich weltweit eine ganze Menge, um die Fischversorgung langfristig zu sichern. Das Stichwort heißt Aquakultur, definiert als kontrollierte Produktion von Wasserlebewesen zur Deckung des menschlichen Nahrungsbedarfs.

Mehr als 1500 Wissenschaftler sind in vielen Ländern damit beschäftigt, neue Methoden der Fischvermehrung und -aufzucht zu erforschen, auszuprobieren und marktreif zu machen. Dabei geht es nicht nur um Süß- und Meerwasserfische, sondern auch um Muscheln und Krebstiere verschiedener Arten.

Diese Bemühungen verhalten sich zur konventionellen Wildbeuterei von Wasserlebewesen wie die Ernte von Wildfrüchten zur Gemüseanzucht im Gewächshaus. Fische, Muscheln und Krebse sollen unter optimalen Bedingungen heranwachsen, sich kräftig vermehren und möglichst schnell eßbar werden.

Die Fischzucht in Teichwirtschaften gibt es schon seit vielen Jahrhunderten. Wahrscheinlich waren es die Chinesen, die auf diesem Gebiet frühzeitig Erfahrungen sammelten. In Europa legten die Römer der Antike Fischteiche an, betrieben aber wohl keine systematische Fischzucht. Erst in den mittelalterlichen Klöstern entstanden die Aufzuchtverfahren, die ohne wesentliche Veränderungen noch heute von Fischzuchtbetrieben angewendet werden. In Fischteichen wachsen Karpfen, Forellen und andere Fische freilich recht langsam heran. Ein Karpfen braucht beispielsweise 3–4 Jahre, bis aus ihm ein Speisefisch von 1,2–2 kg geworden ist — je nach Witterung und Futterverhältnissen.

Das soll mit Hilfe wissenschaftlicher und industrieller Methoden geändert werden. An Möglichkeiten fehlt es nicht. Der neue Begriff Aquakultur beschränkt sich allerdings nicht auf Verbesserungen der bisherigen teichwirtschaftlichen Verfahren. Er schließt auch (als Marikultur) die Aufzucht von Meereslebewesen unterschiedlicher Art ein. Schon heute hat die Aquakultur in der Bundesrepublik Deutschland wesentlich höhere Erträge als die freie Fluß- und Seenfischerei. Aus Fischteichen kamen beispielsweise 1976 6000 Tonnen Karpfen und 3000 Tonnen Forellen. Demgegenüber nimmt sich das Fangergebnis der Binnenfischer mit insgesamt 3000 Tonnen bescheiden aus. Nun ist Deutschland durchaus kein besonders erfolgreiches Aquakulturland. Die Chinesen züchten alljährlich über 2 Millionen Tonnen Fische, die Inder fast eine halbe Million.

In Zeitungen und Zeitschriften sind hin und wieder abenteuerlich klingende Berichte über untermeerische Fischfarmen und „Fischtreibhäuser" zu finden. An allen diesen Verfahren wird gearbeitet. Im Vordergrund steht aber zunächst einmal die Intensivierung der herkömmlichen Teichwirtschaft. Beispielsweise sollen Fischteiche künftig nach neuesten Erkenntnissen gedüngt werden, ein Verfahren, das sich besonders für kombinierte Teich- und Landwirtschaften lohnt: Abfälle aus der Landwirtschaft kommen der Fischaufzucht zugute. Eine weitere Neuerung ist die Polykultur, die gleichzeitige Zucht unterschiedlicher Wassertiere in einem einzigen Teich.

Bei der künstlichen Fischaufzucht ist das Futter der wichtigste Kostenfaktor. Auch auf diesem Gebiet sollen wissenschaftliche Erkenntnisse weiterhelfen. Fische sind von Natur aus gute Futterverwerter. Um 1 kg Forellenfleisch zu produzieren, braucht man 1–1,5 kg Trockenfutter. 1 kg Schweinefleisch verlangt den doppelten bis dreifachen Futteraufwand. Hauptursache: Fische passen ihre Körpertemperatur der Temperatur des Fischteiches an. Sie müssen also im Gegensatz zu Warmblütern nicht mehr als die Hälfte der Futterenergie aufwenden, um eine bestimmte Körpertemperatur aufrecht zu erhalten, die sie zum Leben brauchen. Bei manchen Fischen kann man die Wassertemperatur erhöhen und erzielt dann eine größere und schnellere Ausbeute. Ein 120 g schwerer Karpfensetzling kann es bei angewärmtem Wasser innerhalb von 2 Jahren auf ein Gewicht von 3 kg bringen. Im konventionellen Teich hätte es 4 Jahre gedauert. Bei Forellen dauerte es nur 4–5 Monate, bis aus 70 g schweren Setzlingen 300 g schwere Portionsfische geworden waren. Noch erstaunlicher waren die Ergebnisse bei Aalen, die innerhalb von 2 Monaten ihr Gewicht verdoppelten und schon nach einem Jahr marktreif herangewachsen waren — in der freien Natur hätte das etwa 12 Jahre gedauert.

Industrie-Kühlwasser für das Aufheizen der Fischteiche steht in riesigen Mengen zur Verfügung, etwa von Kraftwerken. Von diesem Verfahren zum Zuchtsystem mit geschlossenem Süß- oder Meerwasserkreislauf ist es nur ein Schritt. Experten erhoffen sich von Kreisläufen mit aufgeheiztem, zwischendurch immer wieder aufbereitetem Was-

„Großer Christoph" und „Kleiner Christoph" wurden diese beiden Karpfen getauft. Beide sind ein Jahr alt. Der kleine ist 10 cm lang und 25,4 g schwer – er wuchs ganz normal in einem Teich auf. Der große wiegt 1900 g und ist 43 cm lang – er stammt aus der Ahrensburger Zucht von Professor Christoph Meske. Kraftfutter aus pflanzlichem und tierischem Eiweiß, gleichmäßige Wassertemperatur und peinliche Sauberkeit schufen dieses Wunder der deutschen Aquakultur-Forschung.

ser die denkbar höchsten Erträge bei geringstem Risiko.

In vielen Ländern, so in Japan, Norwegen und den USA, aber auch in Deutschland, werden an den Küsten Verfahren erprobt, Fische in „Käfigen" zu halten. Dazu braucht man nicht einmal mehr einen Fischteich, sondern nur eine passende Meeresbucht. Die Fische wachsen in Netzgehegen heran, die stationär oder freischwimmend an Schwimmkörpern hängen. Sie werden konventionell gefüttert. Bei dieser Form der Intensivhaltung waren Regenbogenforellen schon nach 120 Fütterungstagen marktreif.

Mit dieser Methode verwandt ist das Anzuchtverfahren für Austern in kastenartigen Plastikbehältern, die in Containern verstaut an Schwimmkörpern aufgehängt und am Grund verankert werden. Herkömmliche Austernbänke an der deutschen Nordseeküste lieferten früher geringe Erträge: 1 Auster je 3,74 Quadratmeter Fläche. Nach dem neuen vertikalen Anzuchtverfahren kann die Austernernte bei gleicher Fläche 650 Austern betragen.

Im Jahr 2000, das sagen Meeresforscher voraus, sollen aus Aquakultur-Anlagen mehr Fische kommen als aus der Fangfischerei. Bis dahin muß freilich noch eine Menge Entwicklungs- und Forschungsarbeit geleistet werden.

In der nördlichen Küstenprovinz der japanischen Insel Hokkaido werden Jakobsmuscheln in der sogenannten Vertikalkultur gezüchtet. Die Muscheln werden in einzeln nebeneinander hängenden Netzen eingesetzt. Dies vereinfacht die Aussortierung von kranken Tieren und bietet eine übersichtliche Kontrolle. Zur Erntezeit steigen Taucher in die Tiefe und räumen die Netze aus.
Japan ist heute die führende Nation in der Aquakultur. Die Anfänge dieses für die Ernährung der Menschen so wichtigen Forschungszweigs liegen schon im 17. Jahrhundert, als man mit der Austernzucht begann.

Nächste Doppelseite: Nach so viel Interessantem und Wissenswertem zum Thema Fisch nun aber rasch dorthin, wo wir ihn alle am meisten schätzen – in die Küche! Zu den folgenden 75 Rezepten, die Ihnen sicher manche neue Anregung bringen werden, wünschen wir gutes Gelingen und BON APPETIT.

Aal auf provenzalische Art

Der Aal zählt zu den Süßwasserfischen, obwohl er seine Jugend in fernen Salzwassergründen verbringt: Die ausgewachsenen, etwa zehn Jahre alten „Blankaale" machen sich auf die Wanderschaft in das karibische Sargassomeer und verbringen dort ihre Laichzeit. Die winzigen „Glasaale" ziehen dann wieder in die heimatlichen Flüsse zurück. Weibliche Aale können bis zu 75 cm lang und 1 kg schwer werden. Die Männchen schaffen nicht einmal die Hälfte. Unter den Süßwasserfischen ist der Aal der fettreichste Vertreter: 100 g frisches Aalfleisch liefern rund 1200 Joule. Noch fetter ist der bei uns bevorzugte geräucherte Aal. Begeisterte Esser von frisch gebratenem Aal sind die Chinesen. Wenn Sie Glasaale probieren möchten: in Spanien stehen sie, in viel Öl gebacken, auf der Speisekarte.

1 kg Aal, Zitronensaft, Salz, weißer Pfeffer, 5 Eßlöffel Olivenöl, 2 Zwiebeln, 1 Knoblauchzehe, 2 Glas trockener Weißwein, 1 Eßlöffel Sardellenpaste, 500 g Tomaten, 1 Bund Petersilie

Aal vorbereiten, in kleinfingerlange Stücke schneiden, mit Zitronensaft beträufeln, salzen und vorsichtig pfeffern. Öl in einem Topf erhitzen, gewürfelte Zwiebeln und zerquetschte Knoblauchzehe hineingeben und goldgelb dünsten. Aalstücke dazugeben und 3 Minuten mitdünsten. Im Wein verrührte Sardellenpaste angießen, dann die abgezogenen und halbierten Tomaten hinzufügen und das Aalgericht 20 Minuten zugedeckt dünsten. Mit Salz und Pfeffer abschmecken, gehackte Petersilie aufstreuen. Dazu kann man neue Kartoffeln und frischen Salat reichen. Ein herber Weißwein schmeckt am besten als Getränk, es kann aber auch ein Rosé sein.

Frische Austern

Austern werden heute fast ausschließlich auf Austernbänken an der Küste gezüchtet. Bekannte Sorten stammen aus den Niederlanden (Imperialen), Dänemark (Limfjords) und Frankreich (Arcachons, Belons und Marennes). Sie werden der Größe nach mit Nullen gekennzeichnet. Die fleischreichsten Sorten haben sechs Nullen (000 000).

Je Person 6–12 Austern; Zitronensaft, nach Belieben frisch gemahlener Pfeffer; frisches Meterbrot, Anis- oder Kümmelbrot oder auch Toast

Austern mit einem Spezialmesser (Austernbrecher) öffnen: Die gereinigte Auster mit der gewölbten Schale nach unten so in den linken Handteller legen, daß die dicke Seite zur Unterarm-Innenseite zeigt. In der zum Körper gerichteten spitzeren Stelle der Austernschale liegt das „Scharnier". Man setzt den Austernbrecher etwa 1 cm links vom Scharnier an und schiebt ihn, unterstützt durch kräftiges Drücken und leichtes Drehen, zwischen die Schalenhälften. Wenn die Brecherklinge ganz in der Auster verschwunden ist, dreht man sie nach rechts und schneidet dabei den Muskel durch. Nun streicht man mit der Klinge an der Innenseite der flachen Schale entlang, um den Schließmuskel ganz abzutrennen. Die gewölbte Schale mit der Auster und der in der Schale enthaltenen Flüssigkeit wird serviert. Beim Austernessen trennt man das Fleisch mit der scharfen Seite der Austerngabel ab und schlürft nun Austernfleisch und Flüssigkeit direkt aus der Schale, mit Zitronensaft beträufelt oder mit Pfeffer bestreut. Dazu ißt man Brot. Als Getränk paßt ein trockener Weißwein — viele Austernfreunde bevorzugen Sekt oder Champagner und lehnen oft das Würzen mit Zitronensaft und Pfeffer ab, um den Eigengeschmack der Austern zu erhalten.

Japanischer Austernsalat

In Europa werden Austern als Gourmandise mit höheren Weihen geschätzt und fast immer roh verspeist. Viele Feinschmecker lehnen eine andere als diese Eßmethode kategorisch ab. In austernreichen Ländern genießt die bei uns so kostbare Muschel längst nicht diese übertriebene Verehrung. In den USA beispielsweise gilt die Auster als ziemlich alltägliche Speise, und deshalb kennen die Amerikaner auch eine ganze Reihe von Rezepten, wie man das Austernfleisch grillen und dünsten, backen oder auch konservieren kann. Ähnlich verhält es sich mit den fleischreichen japanischen Austern. Wir können sie nur in geräucherter Form, in Öl eingelegt, kennenlernen. So eignen sie sich als Bestandteil raffinierter Zubereitungen. Austernrezepte haben übrigens eine alte Tradition. Schon die Römer, die als erste systematisch Austern züchteten, legten Austern in Öl oder salzige Soßen ein — was uns heute kaum schmecken würde.

2 Dosen geräucherte japanische Austern,
1 Eßlöffel Mehl, Backfett, 2 Paprikaschoten,
125 g Mayonnaise,
2 Eßlöffel geschlagene ungesüßte Sahne, Salz,
je 1 Prise grüner Pfeffer und Edelsüßpaprika,
1 Spritzer Tabascosauce, 1 Sträußchen Dill

Austern abtropfen lassen, in Mehl wenden und in heißem Fett backen, abkühlen lassen. Paprikaschoten von Kernen und Scheidewänden befreien und in feine Streifchen schneiden oder hacken. Mayonnaise mit Sahne, Salz und Gewürzen vermengen und abschmecken, Paprika dazugeben und zuletzt die Austern unterheben. Mit Dill garniert zu Toast und Butter als Vorspeise reichen.

Barsche in Weinaspik

Der Barsch, zum Unterschied von Seefischen wie dem Rotbarsch auch Flußbarsch genannt, ist ein festfleischiger Edelfisch, der als Raubfisch am liebsten in ruhigen Seen lebt, versteckt hinter Bodenerhebungen („Barschbergen") und Baumwurzeln. Kleinbarsche sind in der Küche am beliebtesten und haben das schmackhafteste Fleisch. Es gibt aber auch bis zu 40 cm lange und 4 kg schwere Barsche. Weil der Barsch sich schlecht schuppen läßt, entfernt man meist nur die Schuppen an der Bauchseite und löst die übrigen Schuppen erst nach dem Garen ab.

1,5 kg Barsche, 1 l Wasser, Essig, Salz, 1 Zwiebel, 1 Lorbeerblatt, 1 Teelöffel Pfefferkörner, 2 Nelken, 2 Zitronenscheiben, je 1 kleiner Zweig Basilikum und Thymian, 1 Päckchen gemahlene weiße Gelatine, 1/4 l Weißwein, Zitronensaft, Pfeffer, 2 hartgekochte Eier, 1 Gewürzgurke

Barsche vorbereiten, waschen und abtropfen lassen. Wasser mit Essig und Salz kräftig abschmecken, geschnittene Zwiebel und Gewürze hineingeben, 15 Minuten durchkochen und abseihen. Die Fische in den Sud geben, aufkochen und bei schwacher Hitze gar ziehen lassen, im Sud auskühlen lassen. Die Fische herausnehmen, schuppen und nebeneinander auf eine Platte legen. Gelatine 10 Minuten in wenig kaltem Wasser quellen lassen, in 1/4 l kochendem Wasser lösen, den Wein hineinrühren und mit Zitronensaft, Pfeffer und Salz abschmecken. Geliersud kurz vor dem Erstarren über die Fische geben. Die Platte mit Eierscheiben und Gurkenstreifen garnieren. Dazu kann man Remouladensauce und Pommes frites oder Pommes chips reichen. Auch Mayonnaise paßt dazu. Als Getränk ist Weißwein vorzuziehen.

Blaufelchen nach Doria

Den Blaufelchen gibt es vor allem in den Seen der Alpenregion. In manchen Gegenden kommt er auch einfach als Felchen auf den Tisch. Weil er ähnlich wie eine Forelle zubereitet werden kann, nennt man ihn hier und da „Forelle der Alpenseen". Er gehört mit den in norddeutschen Seen verbreiteten Maränen und mit dem Schnäpel, der Salz- und Brackwasser bevorzugt, zur Gattung der mit den Lachsen verwandten Renken.

Blaufelchen können bis zu 50 cm lang und 1 kg schwer werden. Zarter und schmackhafter sind kleinere, etwa forellengroße Fische. Sie schmecken im Mai und Juni am besten und eignen sich auch ausgezeichnet für das Heißräuchern. Im Fischgeschäft werden Sie den Blaufelchen nur selten antreffen, wenn Sie in nördlicheren Regionen zu Hause sind. Bei einem Besuch am Boden- oder Traunsee sollten Sie den Fisch unbedingt probieren.

4 Blaufelchen, Zitronensaft, Salz, 1 Eßlöffel Mehl, 40 g Butter, 1 Salatgurke, 1/2 Bund Dill, 3 Eßlöffel Zitronensaft, 1/2 Bund Petersilie, 1 Zitrone

Blaufelchen vorbereiten, schuppen und die Flossen abschneiden. Die Fische am Rücken etwas einschneiden, mit Zitronensaft beträufeln und salzen, im Mehl wenden und in heißer Butter von beiden Seiten goldbraun braten. Gurke schälen und die Kerne herauskratzen, das Gurkenfleisch in Würfel oder dicke Stifte schneiden, in heißer Butter dünsten und den gehackten Dill aufstreuen, mit Salz abschmecken. Fische auf einer vorgewärmten Platte mit den Gurken anrichten, mit Zitronensaft und dem Bratfett begießen, gehackte Petersilie aufstreuen. Die Felchen mit Zitronenscheiben garniert zu Butterkartoffeln reichen.

Blaufelchen in Weinsoße

Bei den Bodensee-Blaufelchen macht der Kenner feine Unterschiede, was den Namen der Fische betrifft. Im ersten Jahr werden die jungen Bodenseefelchen Heuerlinge genannt, im zweiten Stubenfische. Im dritten Jahr heißen sie Ganzfische, im vierten Renken, im fünften Halbfelchen — und danach erst, voll ausgewachsen, Blaufelchen. Wer das alles für zu kompliziert hält, kann aber auch einfach von Felchen sprechen.

4 Blaufelchen, Saft einer Zitrone,
Salz, weißer Pfeffer, 20 g Butter, 2 Zwiebeln,
1/4 l Weißwein, 20 g Mehl, 1/8 l Milch,
Tabascosauce; zum Garnieren: 1 Zitrone,
8 Fleurons (fertig gekauft)

Felchen ausnehmen, Köpfe und Flossen wegschneiden. Die Fische unter fließendem Wasser gründlich waschen, abtropfen lassen und trockentupfen, mit Zitronensaft beträufeln, mit Salz und Pfeffer bestreuen. Eine gefettete ofenfeste Form mit fein gehackten Zwiebeln ausstreuen, die Felchen hineingeben, Wein angießen und die Fische in etwa 20 Minuten im vorgeheizten Backofen garen, dabei die Backform zudecken oder die Fische mit Alufolie belegen. Die fertigen Felchen herausnehmen, die Haut abziehen und die Fische auf eine vorgewärmte Platte legen. Dünstbrühe aufkochen, das mit der Milch verquirlte Mehl hineinrühren und 8 Minuten kräftig durchkochen. Die Soße mit Salz, Pfeffer, Zitronensaft und Tabascosauce abschmekken und zum Teil über die Fische gießen, den Rest gesondert reichen. Die Fischplatte mit Zitronenachteln und Fleurons garniert zu jungen Kartoffeln und beliebigem Salat reichen. Dazu paßt ein Bodenseewein am besten.

Blaulengrouladen mit Meeresfrüchten

Blauleng und Lengfisch sind im Binnenland noch ziemlich unbekannt. Beide gehören erst seit kurzem zu den Fischen, die für Verbraucher aufbereitet werden, und zwar vorwiegend in Filetform. Der vor Norwegen vorkommende Blauleng, ein entfernter Verwandter des Kabeljau, hat weißes, festes und ausgesprochen wohlschmeckendes Fleisch, das zudem noch joulearm ist (100 g Blauleng = 350 Joule). Besonders geeignet für Rouladen, Schaschlik, Fischgulasch und verwandte Fischgerichte.

4 Blaulengfilets (je 200 g),
1 Eßlöffel Zitronensaft, Salz;
125 g Nordseekrabben, 1 kleine Dose Muscheln,
1/2 Bund Dill, 40 g Butter; 1/2 l Wasser,
1 Lorbeerblatt, 3 Pimentkörner, 4 Pfefferkörner,
2 kleine Zwiebeln, 1 Packung helle Soße;
1 Glas Weißwein, 1 Prise Zucker, Salz

Filets waschen, trockentupfen, mit Zitronensaft beträufeln, mit Salz bestreuen und etwas ziehen lassen. Die Filets mit der Hälfte der gewaschenen Krabben und abgetropften Muscheln sowie dem gehackten Dill belegen, zusammenrollen und mit Spießchen zusammenhalten, in der Pfanne in heißer Butter von allen Seiten anbraten. Wasser mit Gewürzen und geschnittenen Zwiebeln aufkochen, zum Fisch geben und die Röllchen 15 Minuten bei mittlerer Hitze zugedeckt ziehen lassen. Rouladen herausnehmen, Sud durch ein Sieb geben und damit nach Vorschrift helle Soße bereiten. Restliche Krabben und Muscheln darin heiß werden lassen, mit Weißwein, Zucker und Salz abschmecken. Rouladen mit Soße überzogen servieren. Dazu passen Dillkartoffeln und Tomatensalat, als Getränk entweder Bier oder ein trockener Weißwein.

Bouillabaisse Marseiller Art

Mit festfleischigen Mittelmeerfischen schmeckt die Bouillabaisse am besten — vielleicht finden Sie in Ihrem Fischladen einige davon, beispielsweise Seeteufel, Drachenkopf, Knurrhahn und Peterfisch. Sonst müssen Sie sich an heimische Fische mit festem Fleisch halten. Wichtig ist die kurze Kochzeit — der Name des Fischgerichtes bedeutet „kochen und sofort ausgießen".

1 kg Seefisch verschiedener Sorten,
5 Eßlöffel Olivenöl, 2 Zwiebeln,
2 Knoblauchzehen, 2 Tomaten, 1 große Kartoffel,
1 kleine Fenchelknolle, 1 Zweig Thymian,
1 Bund Petersilie, 3 Wacholderbeeren, Salz,
Pfeffer, Paprika, Curry, 1 Messerspitze Safran,
1/2 Glas Weißwein, 10 Miesmuscheln (Dose);
für die Soße:
125 g Mayonnaise, Knoblauchpulver;
4 Scheiben Toastbrot

Fisch vorbereiten und in Stücke schneiden, aus den Abfällen Brühe kochen und später zum Auffüllen verwenden. In einem großen Topf Öl erhitzen, grob gehackte Zwiebeln mit zerdrückten Knoblauchzehen, geschnittenen Tomaten, geschälter und grob geschnittener Kartoffel und Fenchel darin anrösten. Das festere Fischfleisch mit Kräutern und Gewürzen dazugeben, mit Wein und Brühe auffüllen, 10 Minuten kochen. Weicheres Fischfleisch und Muscheln mit dem Saft dazugeben, alles bei kräftiger Hitze garen. Fisch und Muscheln herausnehmen und auf einer vorgewärmten Platte anrichten. Brühe passieren und abschmecken. Mayonnaise mit Knoblauchpulver verrühren und die getoasteten Brotscheiben damit bestreichen. Die Brotscheiben in Suppenteller geben und mit heißer Brühe übergießen. Fischfleisch und restliche Mayonnaise gesondert reichen.

Brassen mit Pilzfüllung

Ein Angelfisch, der in Flüssen und Seen manchmal in ganzen Schwärmen auftritt, ist der Brassen, in manchen Gegenden auch Brachsen oder Blei genannt. Sein Fleisch schmeckt ausgezeichnet, wird allerdings von vielen feinen Gräten gestützt. Der silbergraue Fisch kommt auch (als Meerbrassen) in einer Salzwasser-Version vor, die im alten Rom besonders beliebt war, und zwar weniger des Fischfleisches wegen als vielmehr wegen der von römischen Feinschmeckern geschätzten Brassenlebern. Um sie zu ergattern, wurden ganze Schiffsexpeditionen ausgerüstet.

1 Brassen (etwa 1,5 kg),
1 Eßlöffel Zitronensaft, Salz;
für die Füllung: 125 g Pfifferlinge, 1 Zwiebel,
40 g Butter, 125 g gare Fischreste, 1 Ei,
etwa 100 g Semmelmehl;
zum Panieren: 1 Eßlöffel Mehl, 1 Ei,
1 Eßlöffel Semmelmehl; 80 g Butter

Den Fisch vorbereiten, mit Zitronensaft beträufeln und mit Salz bestreuen, etwas ziehen lassen. Pfifferlinge putzen und fein schneiden oder hacken, mit der fein gewürfelten Zwiebel in der Pfanne in heißer Butter dünsten. Fischreste durch den Fleischwolf drehen, mit der Pilz-Zwiebel-Mischung, dem Ei, etwaigem Brassenrogen oder -milch und so viel Semmelmehl verarbeiten, daß ein nicht zu lockerer Teig entsteht. Den Brassen damit füllen, mit gebrühtem Faden zubinden, nacheinander in Mehl, verquirltem Ei und Semmelmehl wenden und in der Bratenpfanne in heißer Butter im vorgeheizten Backofen in 40–50 Minuten bei 180° C garen, dabei hin und wieder mit Butter beschöpfen. Mit Kartoffelsalat zu Tisch geben. Dazu paßt ein leichter Rotwein.

Calamari gebacken

Bei allen Kopffüßern ißt man nur den fleischigen, beutelförmigen Mantel und die Tentakel. Alles andere wird bei der Vorbereitung entfernt. Im Mittelmeer tummeln sich zahlreiche Weichtiere dieser Art — nicht einmal die Anlieger selbst können sie alle genau unterscheiden.

Die in der Küche besonders beliebten Calamari (Einzahl: Calamaro) oder Kalmare schmecken in den Wintermonaten am besten. Mit ihnen verwandt sind die Sepien, die es auch in einer Mini-Ausgabe als Zwergsepien gibt. Bei uns heißen sie meist einfach Tintenfische. Der Pfeilkalmar ist eine größere Ausgabe der Calamari und wird in der Küche ebenso wie diese verwendet. Alle diese Kopffüßer verfügen über einen Tintenbeutel, mit dem sie sich im Wasser „einnebeln" können. Am Mittelmeer werden diese Weichtiere oft „in eigener Tinte" zubereitet.

8 kleine Calamari, 1 Eßlöffel Zitronensaft,
Salz, Pfeffer, Tabascosauce;
für den Ausbackteig: 200 g Mehl, 1 Eigelb,
knapp 1/4 l Wasser, 1 Prise Salz, 1 Eiweiß;
2 Eßlöffel Mehl, Backfett;
zum Garnieren: 2 Zitronen, 1 Bund Petersilie

Die vorbereiteten Calamari abspülen, trockentupfen und in 1 cm breite Stücke schneiden, mit Zitronensaft, Salz, Pfeffer und Tabasco würzen. Aus den angegebenen Zutaten Ausbackteig anrühren, dabei Eiweiß steif schlagen und zuletzt unterziehen. Calamari-Stücke in Mehl wenden, durch Teig ziehen und in heißem Fett schwimmend goldgelb backen. Mit Zitronenachteln und Petersilie garniert zu Toast und Butter reichen. Außerdem paßt ein frischer Salat dazu. Als Getränk kommt ein kräftiger italienischer Weißwein in Frage.

Coquilles St.-Jacques überbacken

Die fleischreichen Coquilles St.-Jacques, auch Jakobs- oder Pilgermuscheln genannt, werden im Atlantik gefangen. Pilgermuscheln heißen sie, weil die Pilger früherer Zeiten Muschelschalen als Trinkgefäße mit sich führten. Die gleichen Schalen dienen bei uns als Ragoutförmchen. Coquilles St.-Jacques werden tiefgefroren verkauft und lassen sich mühelos verarbeiten.

450 g tiefgefrorene Coquilles St.-Jacques,
3 Eßlöffel Fleischbrühe, 250 g Champignons,
30 g Butter, 50 g gekochter Schinken,
1 kleine Zwiebel, 1/2 Bund Petersilie, Salz, Pfeffer,
1 Prise Zucker;
für die Soße: 1 Eßlöffel gehackte Zwiebel,
50 g fein gewürfelter Schinkenspeck, 10 g Butter,
20 g Mehl, 1/8 l Fleischbrühe, 1/8 l Milch,
Pfeffer, Salz, Muskat, Zitronensaft

Muscheln 8–10 Minuten in Fleischbrühe garen, abtropfen lassen, den Rogen abnehmen und weglegen, das Muschelfleisch in Würfel schneiden. Champignons putzen und schneiden. Schinken würfeln, mit fein gehackter Zwiebel und gehackter Petersilie in der heißen Butter andünsten, Pilze hinzufügen und 5 Minuten mitdünsten. Muscheln dazugeben, mit Salz, Pfeffer und Zucker abschmecken. Die Mischung auf Ragoutförmchen oder Muschelschalen verteilen.
Für die Soße gehackte Zwiebel und Speckwürfel in Butter anbraten, Mehl aufstäuben, umrühren und mit Brühe und Milch angießen. Die Soße gut durchkochen, mit Pfeffer, Salz, Muskat und Zitronensaft abschmecken und über die Muschelmischung geben. Mit Muschelrogen garnieren. Die Förmchen 15 Minuten im vorgeheizten Backofen bei 200° C überbacken. Dazu Toast und Butter reichen.

Crabmeat in Avocados

Das in Dosen oder tiefgefroren verkaufte Crabmeat stammt meist vom Königskrebs, auch Königskrabbe, Kamtschatkakrabbe oder Meerspinne genannt. Der Königskrebs wird in nord- und südpolaren Meeren in etwa 150 m Tiefe mit dem ködergefüllten Drahtkorb gefangen, sofort nach der Landung gekocht und tiefgefroren oder eingedost. Die Delikatesse hat tatsächlich der Form nach Ähnlichkeit mit einer riesigen Spinne. Ihr Körperdurchmesser kann 25 cm übersteigen, dazu kommen die noch einmal so langen Beine und Scheren. Eßbar ist nur das in den Beinen enthaltene Fleisch.

*200 g Crabmeat (Dose), 2 Avocados,
2 Eßlöffel Zitronensaft; für die Marinade:
4 Eßlöffel Mayonnaise, 4 Eßlöffel Sahne,
2 Eßlöffel Zitronensaft, Salz, weißer Pfeffer,
1 Prise Zucker, 1 Spritzer Tabascosauce,
1 Teelöffel gehackter Dill,
1 Teelöffel geriebene Zwiebel; zum Garnieren:
Salatblätter, schwarze Oliven, 1 hartgekochtes Ei*

Crabmeat zerpflücken, dabei Chitinstücke entfernen. Avocados waschen, der Länge nach halbieren, die Kerne ausschälen und die Schnittflächen mit Zitronensaft beträufeln. Fruchtfleisch bis auf 1/2 cm Dicke aushöhlen, in Würfel schneiden. Für die Marinade Mayonnaise mit den übrigen Zutaten vermengen und abschmecken. Crabmeat mit Avocadofleisch vermischen und die Marinade unterheben. Die Mischung in die Avocadohälften füllen, auf Salatblättern anrichten und mit Olivenscheiben und Eierachteln garnieren. Als Vorspeise zu Toast und Butter oder als Beigabe zum Kalten Büfett reichen.

Dorada auf spanische Art

Die Dorada, seit einigen Jahren ein sehr gefragter Mittelmeer- und Atlantikfisch, gehört zur großen Fischfamilie der Brassen und wird bei uns wegen ihrer goldenen Streifen zwischen den Augen auch Goldbrasse genannt. In Frankreich steht sie als Daurade auf der Speisekarte, in Italien kann man sie als Orata bestellen.

Das zarte und geschmackvolle Fleisch der Dorada macht sie für alle Zubereitungen geeignet. Gegrillt und gebraten schmeckt sie ebenso gut wie gedünstet, und man kann sie auch mit kräftigen Soßen und Getränken kombinieren — im Gegensatz zu zarteren Fischen.

1 kg Dorada, 1 Eßlöffel Zitronensaft, Salz, 1 Eßlöffel Mehl, Olivenöl zum Braten, 1 Zwiebel, 250 g Tomaten, 500 g kleine Kartoffeln, 300 g Perlzwiebeln, 1 Knoblauchzehe, 1/2 Bund Petersilie, 1 hartgekochtes Ei

Fisch vorbereiten, filetieren und in Portionsstücke teilen, mit Zitronensaft beträufeln und salzen. Die Fischstücke in Mehl wenden und in der Pfanne in heißem Olivenöl beiderseits goldgelb braten und garen, auf einer heißen Platte warmstellen. Im Fischbratöl geschnittene Zwiebeln und Tomaten andünsten, beides in einen Topf geben und die geschälten oder abgeschabten Kartoffeln und die Zwiebeln hinzufügen. Etwa 1/8 l Wasser angießen, zugedeckt zum Kochen bringen und 12 Minuten schwach kochen lassen. Dann den Fisch, die zerquetschte Knoblauchzehe und das fein gehackte Ei dazugeben, zugedeckt nochmals 15 Minuten kochen lassen und heiß mit frischem Salat zu Tisch geben. Dazu paßt ein leichter Rotwein oder ein Rosé.

Dornhai in Champignonsahne

Der Dornhai gehört zu den kleineren Haifischen; er wird bis zu 1 m lang und 10 kg schwer. Sein Fleisch wird meist verarbeitet angeboten: in Aspik als Seeaal oder Steinaal. Bekannter sind die Schillerlocken, hergestellt aus den geräucherten Bauchlappen des Dornhais. Aber hin und wieder gibt es auch Dornhaifilets in den Fischgeschäften. Sie sollten mit dem „Kalbfleisch des Meeres" einen Versuch riskieren. Es ist zart und von fester Konsistenz und kommt für alle Verarbeitungstechniken in Frage.

1 kg Dornhaifilet, 1 Eßlöffel Zitronensaft, Salz, 1 Prise weißer Pfeffer, 2 kleine Zwiebeln, 40 g Butter, 250 g Champignons, 1/8 l Wasser, 1 Glas trockener Weißwein, 30 g Mehl, 1/8 l saure Sahne, 1/2 Bund Dill, Zitronenscheiben

Fischfilet abspülen, trockentupfen, in große Stücke schneiden, mit Zitronensaft beträufeln, salzen und pfeffern. Gewürfelte Zwiebeln in heißer Butter andünsten, die geputzten und grob gehackten Pilze dazugeben, die Fischstücke hinzufügen und alles unter vorsichtigem Umrühren 5 Minuten dünsten. Wasser und Wein angießen, den Fisch zugedeckt in etwa 20 Minuten garen, dann herausnehmen und warmstellen. Mit wenig kaltem Wasser angerührtes Mehl in die Brühe mischen, 8 Minuten kräftig durchkochen, dann die Sahne dazugeben und die Soße mit Zucker, Salz und Pfeffer abschmecken. Fisch auf einer Platte mit etwas Soße überziehen, den Rest gesondert reichen. Die Fischplatte mit gehackter Petersilie und Zitronenscheiben garnieren. Dazu passen Petersilienkartoffeln, als Getränk ist ein kräftiger Weißwein geeignet.

Dorschfilets im Teigmantel

Dorsch ist der Zweitname unseres wichtigsten Speise-Seefischs, des Kabeljaus. Als Dorsch bezeichnet man den Kabeljau aus der Ostsee, der längst nicht so groß heranwächst wie sein Verwandter aus der Nordsee oder dem Atlantik. Außerdem wird auch der aus anderen Gewässern stammende Kabeljau Dorsch genannt, wenn es sich um einen Jungfisch handelt, der noch nicht gelaicht hat. Im Gegensatz zum Kabeljau, der in Filet- oder Schnittenform verkauft wird, kommt also der Dorsch auch als ganzer Fisch mit einem Gewicht zwischen 1 und 2 kg vor. Sein Fleisch schmeckt im Juli und August am besten. Es ist nicht so fest wie Kabeljaufleisch und zerfällt bei der Zubereitung leicht. Die Kochzeiten müssen deshalb präzise eingehalten werden.
Aus Dorsch- und Kabeljaulebern, die als besondere Leckerbissen gelten, wird vitaminreicher Dorschlebertran hergestellt.

1 kg Dorschfilet, 1 Eßlöffel Zitronensaft, Salz, Ausbackteig aus 200 g Mehl, 1 Eigelb, knapp 1/4 l Wasser, 1 Prise Salz, 1 Eiweiß; 1 Eßlöffel Mehl; Backfett; 1 Zitrone

Die vorbereiteten Dorschfilets waschen, trockentupfen und in größere Stücke schneiden, mit Zitronensaft beträufeln und salzen. Aus den angegebenen Zutaten Ausbackteig anrühren, dabei Eiweiß steif schlagen und zuletzt unterziehen. Fischstücke in Mehl wenden, durch Ausbackteig ziehen und in heißem Fett schwimmend goldgelb backen und garen, dann gut abtropfen lassen und auf einer vorgewärmten Platte anrichten. Mit Zitronenachteln garnieren, mit Kartoffel-Gurken-Salat zu Tisch geben. Dazu paßt Bier oder leichter Weißwein.

Eglifilets Tessiner Art

Egli ist der Schweizer Name für den Flußbarsch, der in den Flüssen und Seen des Alpenlandes gefischt wird. Unser Rezeptvorschlag aus dem Tessin ist italienischen Ursprungs: Die panierten und gebratenen Filets werden auf Tomatenrisotto serviert.

4 kleine Barsche (Eglis), je 250 g,
2 Eßlöffel Zitronensaft, weißer Pfeffer;
für den Reis: 1 Zwiebel, 40 g Butter,
125 g Langkornreis, 3/8 l heiße Fleischbrühe,
Salz, Streuwürze, 1 Messerspitze Safran,
3 Tomaten; Salz, 1 Eßlöffel Mehl, 2 Eier,
1/2 Teelöffel zerriebener Salbei, 80 g Butter,
1/2 Bund Schnittlauch

Eglis ausnehmen, schuppen und filetieren, unter kaltem Wasser abspülen und trockentupfen. Die Filets mit Zitronensaft beträufeln und mit Pfeffer bestreuen, zugedeckt ziehen lassen. Für den Reis fein gehackte Zwiebel in heißer Butter glasig dünsten, den trocken mit einem Tuch abgeriebenen Reis dazugeben und unter Umrühren in 5 Minuten glasig rösten. Fleischbrühe angießen, mit Salz, Streuwürze und Safran würzen und den Reis zugedeckt bei schwacher Hitze in 20 Minuten gar quellen lassen. In den letzten 10 Minuten die überbrühten, abgezogenen und in Würfel geschnittenen Tomaten auf den Reis geben und mitgaren. Eglifilets salzen, in Mehl und verquirlten Eiern wenden und mit Salbei bestreuen, in heißer Butter beiderseits 5 Minuten braten. Das Fischfilet auf dem fertigen Reis anrichten und mit gehacktem Schnittlauch bestreut servieren. Dazu kann man gemischten oder Chicorée-Salat reichen. Als Getränk kommt ein Schweizer Weißwein (z. B. ein Fendant) in Frage.

Flundern Müllerin Art

Der Plattfisch mit gelbbrauner Augenseite und heller, gefleckter Bauchseite kommt an allen Küsten Europas vor. An der deutschen Nordseeküste wird er manchmal auch Elb- oder Weserbutt genannt. Die Flunder liefert erstaunlich mageres Fleisch: 100 g bringen nur etwa 350 Joule. Kleinere Exemplare sind am beliebtesten, es gibt aber auch Flundern, die über 50 cm lang werden. Der deutsche Fang stammt vor allem aus der Ostsee. Wenn man im Binnenland frische Flundern ergattern will, muß man Glück haben — der Plattfisch eignet sich gut zum Räuchern und wird deshalb in küstenfernen Orten vorwiegend als Räucherware angeboten. Die hier vorgeschlagene Zubereitungsart ist nach der Müllerin benannt, weil der Fisch in Mehl gewendet und gebraten wird — ein für alle Plattfische interessantes Verfahren.

1 kg Flundern, 2 Eßlöffel Zitronensaft, Salz, weißer Pfeffer, 3 Eßlöffel Mehl, 8 Eßlöffel Olivenöl, 1 Bund Petersilie, 1 Zitrone

Flundern vorbereiten, wenn nötig schuppen, unter fließendem Wasser gründlich abspülen, abtropfen lassen und mit Küchenkrepp trockentupfen. Die Fische mit Zitronensaft beträufeln, mit Salz und Pfeffer bestreuen und in Mehl wenden. Öl in einer großen Pfanne erhitzen und die Fische darin von beiden Seiten je 10 Minuten bei schwacher Hitze braten. Die Flundern auf einer vorgewärmten Platte anrichten, mit Petersiliensträußchen und Zitronenachteln garnieren. Zu Flundern Müllerin Art gibt man zerlassene Butter und Petersilienkartoffeln oder Kartoffelsalat. Man kann dazu Bier oder einen kräftigen Weißwein reichen.

Forellen mit Kräuterfüllung

Forellen schmecken frisch von Mai bis Juli am besten. Wenn Sie Glück haben, erwischen Sie eine Bachforelle, die an ihren mit großen roten und schwarzen Punkten gezeichneten Flanken zu erkennen ist. Aus Fischzuchtbetrieben kommen im allgemeinen Regenbogenforellen, deren Seiten rötlich-violett mit kleinen schwarzen Punkten gemustert sind. Portionsforellen sind im allgemeinen 250 bis 375 g schwer — die meisten werden tiefgefroren angeboten.

4 Forellen, Salz; für die Füllung:
2 Bund Petersilie, 2 Bund Schnittlauch,
1 Bund Dill, 1 Zwiebel, Saft einer Zitrone,
3 Schnapsgläser Vermouth dry,
4 Eßlöffel Semmelmehl, Salz, Pfeffer; 60 g Mehl,
Bratfett; zum Garnieren: Kräuter, 1 Zitrone

Forellen vorbereiten, unter kaltem Wasser ausspülen, abtropfen lassen und mit Küchenkrepp trockentupfen, innen und außen leicht salzen. Die Kräuter waschen und abtupfen. Petersilie hacken, Schnittlauch und Dill fein schneiden. Zwiebel schälen und sehr fein würfeln. Kräuter und Zwiebelwürfel mit Zitronensaft, Vermouth und Semmelmehl vermengen, mit Salz und Pfeffer abschmecken. Die Füllung in die Forellen geben und die Fische zunähen oder mit gebrühtem Faden dicht umwickeln. Die Forellen in Mehl wenden, in einer großen Pfanne in heißem Fett beiderseits je 10–12 Minuten braten. Auf einer vorgewärmten Platte anrichten, mit Kräutern und Zitronenachteln garnieren. Dazu passen in Butter geschwenkte junge Kartoffeln und frischer Salat. Als Getränk wäre trockener Weißwein oder Rosé vorzuziehen.

Gebratene Forellen mit Mandeln

Die beiden wichtigsten Zubereitungsarten für Forellen waren schon im Mittelalter bekannt. Seitdem streiten sich die Feinschmecker, ob die Forelle besser in einem leichten Essigsud „blau gesotten" oder nicht doch lieber in dünnem Mehlüberzug nach Art der Müllerin gebraten werden sollte. Beide Verfahren haben ihre Berechtigung — im Zweifelsfall ist jenes angemessener, das den zarten Forellengeschmack hervorhebt, statt ihn zu überdecken.

Die Forellenmode begann sich erst im Mittelalter durchzusetzen. Klosterköche erfanden immer neue Techniken, die „Förheln" oder „Forchen" noch raffinierter zuzubereiten. Damals bekam sogar eine Stadt ihren Namen nach den Forellen: Forchheim, zwischen Bamberg und Erlangen gelegen, führt bis heute eine Regnitzforelle in seinem Wappen.

4 Forellen, 2 Eßlöffel Zitronensaft, Salz,
2 Eßlöffel Mehl, Bratfett; für die Soße:
1 Glas Rotwein, 1 Teelöffel Speisestärke,
100 g blättrig geschnittene, geröstete Mandeln

Forellen vorbereiten, unter kaltem Wasser abspülen, abtropfen lassen und trockentupfen, innen und außen mit Zitronensaft beträufeln und leicht salzen. Die Fische in Mehl wenden und in der Pfanne in heißem Fett von beiden Seiten goldbraun braten, auf einer vorgewärmten Platte anrichten. Bratfond mit Rotwein aufkochen, mit kalt angerührter Speisestärke leicht binden und abschmecken. Die Forellen mit Mandeln bestreuen und mit der heißen Soße überziehen. Dazu passen Petersilienkartoffeln und frischer Salat. Als Getränk kommt ein leichter Rotwein in Frage — am besten aus der Schweiz, wo dieses Rezept besonders beliebt ist.

Fritto misto di pesce

Das italienische Fisch-Allerlei im Ausbackteig besteht aus mehreren Fisch- und Meeresfrüchte-Sorten — je mehr, desto besser. Dazu gehört nach alter Tradition eine Salsa verde, die italienische Schwester unserer Grünen Soße.

125 g tiefgefrorene Scampi, 250 g frischer Aal, 250 g Seezungenfilets, 200 g Muscheln (Glas), Saft einer Zitrone, Salz, weißer Pfeffer; für den Ausbackteig: 80 g Mehl, 3 Eier, 3 Eßlöffel Olivenöl, Salz, Pfeffer, je 1 Teelöffel zerriebener Rosmarin und Basilikum; Backfett; zum Garnieren: 1 Bund Petersilie, 1 Zitrone; für die Soße: 1/2 Bund Petersilie, 1 Knoblauchzehe, 2 Eßlöffel Kapern, 2 Sardellenfilets, 2 Eßlöffel Semmelmehl, Salz, 2 Eßlöffel Kräuteressig, 1/8 l Olivenöl, Pfeffer

Scampi auftauen lassen. Aal häuten, entgräten und in Stücke schneiden. Seezungenfilets mundgerecht teilen. Muscheln abtropfen lassen. Alles mit Zitronensaft beträufeln und mit Ausnahme der Muscheln salzen und pfeffern. Aus den angegebenen Zutaten Ausbackteig anrühren, würzen und 30 Minuten ruhen lassen. Die vorbereiteten Scampi, Fischstücke und Muscheln durch Ausbackteig ziehen und in heißem Fett schwimmend goldgelb backen, auf Küchenkrepp abtropfen lassen und auf eine vorgewärmte Platte geben. Mit Petersiliensträußchen und Zitronenachteln garnieren..
Für die Soße Petersilie, Knoblauch, Kapern und Sardellen fein hacken. Semmelmehl mit Salz und Essig verrühren und die Petersilienmischung dazugeben. Nach und nach das Öl dazurühren, mit Pfeffer würzen.
Dazu sollten Sie Stangenweißbrot und einen trockenen Weißwein anbieten.

Haisteaks mit kalter Kräutersoße

Seit der Film „Der weiße Hai" den Haifisch weltweit ins Gespräch gebracht hat, gibt es in Fischgeschäften gelegentlich auch Haifischfleisch zu kaufen — und zwar unter dieser Herkunftsbezeichnung. Denn Haifisch gehörte schon immer zum Standardprogramm der Fischläden, wenn auch unter anderen Namen. So versteckte sich der Heringshai hinter den Pseudonymen Karbonaden- oder Kalbfisch oder Seestör, und das Fleisch von Hammerhaien wurde hin und wieder als Schwert- oder Thunfischfleisch verkauft. Tarnbezeichnungen waren und sind auch für Dornhaifleisch an der Tagesordnung.

4 Haisteaks, 2 Eßlöffel Zitronensaft,
2 Eßlöffel Olivenöl, Salz,
frisch gemahlener grüner Pfeffer;
für die Kräutersoße: 1 Becher Joghurt,
2 Eßlöffel Mayonnaise, 2 Eßlöffel Sahne,
2 Eßlöffel Zitronensaft, 1 Bund Dill,
1 Bund Petersilie, 1/2 Bund Schnittlauch,
etwas Basilikum oder Estragon, Salz, Pfeffer,
1 Prise Zucker, 1 Teelöffel Senf; 1 Zitrone

Haisteaks unter fließendem Wasser abspülen, mit Küchenkrepp trockentupfen, mit Zitronensaft einreiben und etwas ziehen lassen. Die Steaks beiderseits mit Öl bepinseln und je Seite 6–8 Minuten grillen, dann erst salzen und pfeffern. Für die Soße Joghurt mit Mayonnaise, Sahne und Zitronensaft verrühren, die gehackten Kräuter hineingeben, mit Salz, Pfeffer, Zucker und Senf abschmecken. Haisteaks auf einer vorgewärmten Platte anrichten und mit Zitronenachteln garnieren, die Soße gesondert reichen. Dazu paßt ein gemischter Salat. Als Getränk kommt ein kräftiger Weißwein oder ein leichter Rotwein in Frage.

Badischer Hecht in Sahne

Für die Sportangler kann der Hecht gar nicht groß genug sein — am liebsten schmücken sie sich mit 1 m langen und bis zu 25 kg schweren Exemplaren, die es auch wirklich hin und wieder gibt. In der Küche sind die leichteren und kleineren Hechte beliebter: höchstens 2 kg schwer. Als Raubfisch, der nicht nur seinesgleichen nachstellt, sondern manchmal sogar junge Wasservögel und kleine Säugetiere verspeist, hat der Hecht ein besonders zartes und schmackhaftes Fleisch. Die besten Hechte gibt es zwischen September und Januar.

*1 Hecht (etwa 1,5 kg), 2 Eßlöffel Zitronensaft,
Salz, 60 g Butter, 1 fein gehackte Zwiebel,
2 Eßlöffel Semmelmehl, 1 Eßlöffel Reibkäse,
1/8 l saure Sahne, 2 gehackte Sardellenfilets,
1/2 Röhrchen Kapern, 1 Eßlöffel Zitronensaft,
1 Glas Weißwein, 10 g Speisestärke*

Den vorbereiteten Hecht innen und außen mit Zitronensaft beträufeln und mit Salz bestreuen, mit der Bauchseite nach unten in eine Bratenpfanne stellen und mit heißer Butter übergießen, dann mit Zwiebel, Semmelmehl und Reibkäse bestreuen und die Sahne neben den Fisch gießen. Den Hecht 40–50 Minuten im vorgeheizten Ofen bei 200° C braten, herausnehmen und auf eine vorgewärmte Platte geben. Bratensaft mit gehackten Sardellenfilets und Kapern aufkochen, mit Zitronensaft und Weißwein würzen, mit kalt angerührter Speisestärke binden und abschmecken. Bei Bedarf noch etwas Sahne dazugeben. Dazu passen Petersilienkartoffeln und Radicchiosalat und ein kräftiger badischer Weißwein.

Hechtklößchen mit Sauce Nantua

Der Hecht, es ist nicht abzustreiten, ist reichlich mit Gräten ausgestattet. Deshalb sind Zubereitungen beliebt, bei denen das keine Rolle spielt — beispielsweise die berühmten Hechtklößchen mit Sauce Nantua.

1 kleiner Hecht (etwa 1 kg), Salz, weißer Pfeffer, geriebene Muskatnuß, 4 Eiweiß, 150 g Butter, 1/8 l Milch, 100 g Mehl, 4 Eigelb; für die Sauce Nantua: 200 g Butter, 2 Eigelb, 2 Eßlöffel Wasser, Salz, weißer Pfeffer, Cayennepfeffer, 1 Teelöffel Zitronensaft, 2 Eßlöffel Krebsbutter

Den Hecht schuppen, ausnehmen, abhäuten und entgräten, gründlich abspülen und trockentupfen. Das Hechtfleisch in grobe Stücke schneiden und durch den Fleischwolf drehen oder im Mixer pürieren, mit Salz, Pfeffer und Muskatnuß kräftig würzen und durch ein Sieb rühren. Eiweiß steif schlagen und unter den Fischbrei ziehen, in den Kühlschrank stellen. 75 g Butter in einem Topf zerlassen, mit der Milch aufkochen und das Mehl auf einmal dazuschütten. Unter ständigem Rühren erhitzen, bis sich der Teig kloßförmig vom Topfboden löst. Eigelb, restliche Butter und Fischbrei nach und nach hineinrühren. Mit einem Eßlöffel Klößchen abstechen und in leicht gesalzenem Wasser (oder in einem gewürzten Fischsud aus den Hechtabfällen) in 15 Minuten bei schwächster Hitze gar ziehen lassen, auf einer vorgewärmten Platte anrichten. Für die Soße Butter erhitzen und abkühlen lassen. Eigelb mit Wasser verquirlen und im Wasserbad dicklich schlagen. Nach und nach die Butter einarbeiten, würzen und die Krebsbutter hineingeben. Klößchen mit der Soße überziehen.

Heilbuttspießchen mit Käse

Der Heilbutt, ein schwarzer Fisch mit weißem Fleisch, gehört zu den Plattfischen. Er wird bedeutend größer als Flunder, Seezunge und Scholle: 2 m und mehr bei einem Gewicht von 150–200 kg. Der Raubfisch ernährt sich hauptsächlich von jungen Dorschen, sein Fleisch wird als besonders schmackhaft gerühmt und ist reich an Vitaminen, Spurenelementen und hochwertigem Eiweiß. Im Spätherbst und Winter schmeckt der Heilbutt am besten.

Heilbuttfleisch wird immer zerteilt verkauft, und zwar entweder als Filet oder, quer geschnitten, als Kotelett, je nach Größe des Fischs. Es eignet sich für alle Zubereitungsarten. Heilbuttstücke sind auch geräuchert eine Gaumenfreude.

750 g Heilbuttfilet, 2 Eßlöffel Zitronensaft, Salz,
10 Scheiben Holländer-Schmelzkäse,
1 Salatgurke, 2 Eßlöffel Mehl;
für den Ausbackteig: 200 g Mehl, 1/8 l Bier, 1 Ei,
1 Eßlöffel Olivenöl, 1 Teelöffel Zucker,
1 Teelöffel Salz; Backfett oder -öl

Heilbuttfilet unter fließendem Wasser abspülen, trockentupfen, in gleich große Stücke von etwa 5 cm Durchmesser schneiden, mit Zitronensaft beträufeln und mit Salz bestreuen, etwas ziehen lassen. Gurke ungeschält in etwa 8 mm dicke Scheiben schneiden. Käsescheiben halbieren und zusammenklappen. Abwechselnd Fisch, Käse und Gurke auf Spießchen stecken, in Mehl wenden. Teigzutaten zu Ausbackteig verrühren, die Spießchen darin wenden, in heißem Fett schwimmend oder in der Pfanne goldbraun backen. Dazu paßt beliebiger frischer Salat, als Getränk ein leichter Rotwein oder Bier.

Grüne Heringe mit Kräutersahne

Bis vor wenigen Jahren machte der Hering rund die Hälfte aller Fänge der deutschen Fangflotte aus. Heute ist sein Anteil, vor allem bedingt durch die allgemeine Überfischung, auf unter 10 Prozent gesunken. Der einst oft über die Schulter betrachtete Hering ist damit zur seltenen Delikatesse geworden. Als grün wird der frische, unverarbeitete Hering bezeichnet, der vor allem von Juli bis Dezember auf den Markt kommt.

8 grüne Heringe, 3 Eßlöffel Zitronensaft, Salz, 4 Eßlöffel Essig, 1 Teelöffel Pfefferkörner, 1 grob geschnittene Zwiebel, 2 Lorbeerblätter; für die Soße: 3 Eßlöffel Kräuter (Schnittlauch, Dill, Petersilie, Basilikum), 60 g Butter, 30 g Mehl, 3/8 l Fisch- oder Fleischbrühe, Salz, Zitronensaft, 1 Eigelb, 1/8 l Sahne, 1 Bund Schnittlauch

Heringe vorbereiten, gründlich unter kaltem Wasser abspülen, mit Küchenkrepp trockentupfen, mit Zitronensaft beträufeln und mit Salz bestreuen. Kopf und Schwanz zusammenbinden, die Heringe mit heißem Essigwasser begießen und 10 Minuten stehen lassen, dann mit den Gewürzen in leicht gesäuertem kaltem Wasser aufsetzen, zum Kochen bringen und die Heringe bei schwacher Hitze gar ziehen lassen.

Für die Soße Kräuter fein hacken, in Butter anschwitzen, mit Mehl bestäuben, gut durchrühren und mit Brühe auffüllen. 8 Minuten bei mittlerer Hitze kochen, mit Salz und Zitronensaft abschmecken. Eigelb mit Sahne verquirlen und die Soße damit binden. Mit gehacktem Schnittlauch bestreut zu den grünen Heringen reichen. Dazu passen Petersilienkartoffeln und ein frischer Salat, als Getränk kommt Bier in Frage.

Heringssalat auf flämische Art

Die riesigen Heringsfänge vergangener Zeiten konnten nicht frisch verbraucht werden. Für Transport und Lagerung waren geeignete Konservierungsmethoden unerläßlich. An erster Stelle stand dabei das Einsalzen. Je nach Fangzeit und Salzmenge ergaben sich dabei unterschiedliche Sorten von Salzheringen. Als Fetthering wird ein stark gesalzener Hering bezeichnet, der im Juni oder Juli gefangen wird. Der Vollhering geht im August ins Netz, er enthält Milch bzw. Rogen. Schon abgelaichte Fische werden Ihlen oder Leerheringe genannt. Die jungen Heringe, bei denen sich Milch bzw. Rogen noch nicht gebildet haben, pflegt man nur schwach zu salzen. Sie heißen Matjesheringe und sind nur begrenzt haltbar.

4 Salzheringe, 2 Zwiebeln, 2 Weingläser roter Vermouth, 2 säuerliche Äpfel, etwas Zitronensaft; für die Salatsoße: 50 g deutscher Kaviar, 1/8 l saure Sahne, 1 Prise Zucker, weißer Pfeffer, 1/2 Bund Petersilie, 1/2 Bund Dill

Salzheringe abhäuten und filetieren, dabei restliche Gräten entfernen. Die Filets über Nacht wässern, am nächsten Tag abspülen, abtropfen lassen und in Stücke schneiden. Zwiebeln schälen und in Ringe schneiden. Beides in einer Schüssel mischen, mit Vermouth übergießen und 2 Stunden ziehen lassen. Äpfel schälen und vom Kernhaus befreien, in sehr dünne Scheiben schneiden und mit Zitronensaft beträufeln. Für die Soße Kaviar leicht zerdrücken, mit Sahne, Zucker, Pfeffer und gehackten Kräutern mischen. Zwiebeln und Hering abtropfen lassen, mit den Apfelscheiben vermengen und unter die Soße heben. Dazu kann man Weißbrot und Butter reichen.

Hummercocktail California

Hummerfleisch ist nicht gerade preiswert, dafür geschmacklich interessant, reich an hochwertigem Eiweiß und joulearm. Wer nicht gleich einen ganzen Hummer in den Kochtopf stecken will (was im Hausbetrieb ohnedies nicht die Regel ist), kann sich jedoch den Hummergenuß, etwa in Gestalt dieses eßbaren Cocktails, durchaus leisten. Aber was tun, wenn man einen gekochten Hummer selbst zerlegen muß? Das Krebstier wird (in der Küche) der Länge nach mit einem stabilen Messer halbiert. Dann kann man den größten Teil des Fleisches schon herauslösen und vom schwärzlichen Darm befreien. Die Scheren enthalten das zarteste Fleisch. Sie werden mit der Hummerzange aufgebrochen. Das Fleisch holt man mit einer Hummergabel heraus. Wer will, kann die Scheren auch noch auslutschen.

2 Grapefruits, Saft einer Orange,
150 g Hummerfleisch (Dose), Salatblätter;
für die Cocktailsoße: 3 Eßlöffel Tomatenketchup,
3 Eßlöffel Mayonnaise, weißer Pfeffer, Salz,
1 Prise Zucker, Edelsüßpaprika

Grapefruits schälen, die weiße Fruchthaut abziehen. Das Fruchtfleisch würfeln, in einer Schüssel mit Orangensaft beträufeln und etwas ziehen lassen. Hummerfleisch zerpflücken. Vier Stielgläser mit Salatblättern auslegen. Fruchtfleisch und Hummerstückchen mischen und auf die Gläser verteilen. Für die Soße Tomatenketchup mit Mayonnaise verrühren und mit den übrigen Zutaten abschmecken. Die Soße über die Salatzutaten gießen. Den Cocktail als Vorspeise mit Toast und Butter reichen oder als späten Imbiß anbieten. Er paßt auch zu einem Kalten Büfett.

Hummerragout provenzalisch

Die Krebs- oder Krustentiere aus der Nordsee und dem Atlantik sind meist 25–30 cm lang und wiegen 450—750 g (es gibt auch größere bis zu 90 cm Länge und 13 kg Gewicht!). Sie haben einen glatten Vorderkörper, zwei kräftige Scheren, dünne Fühler, acht Beine und einen schuppenartig gepanzerten Schwanz. Von Natur aus hat der Panzer eine braungraue bis schwarzviolette Farbe, die erst beim Kochen in orangebraune bis rote Töne umschlägt. Hummer werden lebendig (Kochzeit etwa 30 Minuten) oder auch blanchiert und tiefgefroren geliefert. Für den kleineren Bedarf kommt man mit Hummerfleisch in Dosen aus.

2 Zwiebeln, 1 Knoblauchzehe, 40 g Butter, 4 Eßlöffel Öl, 1/2 Bund Petersilie, 1 Teelöffel zerriebener Thymian, Salz, weißer Pfeffer, 1 Prise Cayennepfeffer, 1 Prise Safran, 150 g Hummerfleisch (Dose), 250 g garer Reis, 6 Eßlöffel Öl, Edelsüßpaprika; zum Garnieren 1/2 Bund Schnittlauch, 1 Zitrone

Zwiebeln schälen und fein würfeln, Knoblauchzehe fein hacken, beides in Butter und Öl glasig dünsten, dann gehackte Petersilie, Thymian, Salz, Pfeffer, Cayennepfeffer und Safran dazugeben und umrühren. Hummerfleisch zerpflücken und in der Zwiebelmischung heiß werden lassen. Den garen Reis in einer anderen Pfanne mit Öl mischen und mit Paprika würzen, unter ständigem Rühren kräftig anbraten und auf eine vorgewärmte Platte geben, mit dem Hummerragout umziehen. Mit gehacktem Schnittlauch bestreuen und mit Zitronenachteln garnieren. Dazu frischen Salat reichen. Als Getränk eignet sich kräftiger Weißwein.

Kabeljau Jachtclub

Der Kabeljau liegt weit an der Spitze der deutschen und skandinavischen Fänge und wird meist als Frischfisch angeboten. Der gefräßige Raubfisch kann bis zu 1,50 m lang, 50 kg schwer und 20 Jahre alt werden — meist geht er aber kleiner und jünger ins Netz der Hochseefischer. Als Jungfisch und wenn er aus der Ostsee kommt, wird er Dorsch genannt. Getrockneter Kabeljau heißt Stockfisch, wenn er außerdem auch gesalzen ist, wird er als Klippfisch gehandelt.

*Für den Sud: 1/4 l Wasser, 1/4 l Weißwein,
1 Teelöffel Salz, 1 Lorbeerblatt, 5 Pfefferkörner,
1 Prise weißer Pfeffer, 1 gehackte Zwiebel;
750 g Kabeljaufilet; 40 g Butter, 30 g Mehl,
2 Teelöffel Kapern, 3 Eßlöffel Sahne;
250 g feine Erbsen (Dose), 30 g Butter,
4 große Tomaten, 250 g Langkornreis*

Wasser mit Wein aufkochen und die angegebenen Gewürze bis einschließlich Zwiebel hineingeben, das vorbereitete Kabeljaufilet darin bei schwacher Hitze gar ziehen lassen, aber nicht zerkochen. Fischfilet herausnehmen und warmstellen, den Sud durch ein Sieb geben. Mehl in Butter anschwitzen, mit etwa 3/8 l Fischsud auffüllen, 8 Minuten durchkochen, Kapern hineingeben, die Soße mit Sahne verfeinern und abschmecken. Fischfilet in die Soße geben und kurz ziehen lassen, nicht mehr kochen. Erbsen erhitzen, abgießen und mit Butter schwenken. Tomaten kreuzweise einschneiden, salzen und grillen. Reis nach Vorschrift garen, auf eine vorgewärmte Platte geben und die Filets darauflegen, mit Soße umziehen. Erbsen und Tomaten gesondert dazu reichen.

Gespickter Karpfen mit Champignons

Der traditionelle deutsche Weihnachts- und Silvester-Feiertagsfisch wird in drei Sorten gezüchtet: als Spiegelkarpfen mit großen Schuppen, als Schuppenkarpfen mit kleinen Schuppen und als schuppenloser Lederkarpfen. Karpfen leben behäbig in Teichen und Seen. Sie haben ein verhältnismäßig fettes Fleisch, was sie zum Geräuchertwerden prädestiniert. Die jüngeren und leichteren Exemplare (1–1,5 kg) schmecken am besten. Mit ihnen können es stolze Karpfen-Großväter von 1 m Länge und bis zu 15 kg Gewicht nicht aufnehmen.

1 vorbereiteter Karpfen (etwa 1,5 kg), Salz, Pfeffer, 100 g fetter Speck, 2 große Kartoffeln, 60 g Butter, 1 kleine Dose Champignons, 2 Tomaten, 30 g Butter, 1 Bund Petersilie

Karpfen unter fließendem Wasser abspülen, mit Küchenkrepp trockentupfen, innen und außen salzen und pfeffern. Speck in 1/2 cm dicke Streifen schneiden und den Fisch damit quer zur Faser spikken. Kartoffeln schälen und waschen, unzerschnitten in den Karpfen stecken und diesen mit dem Bauch nach unten in eine Bratenpfanne stellen, mit heißer Butter begießen. Den Fisch etwa 40 Minuten bei 200° C im vorgeheizten Backofen braten. Champignons abtropfen lassen, Tomaten waschen, trockentupfen und in Scheiben schneiden. Beides etwa 5 Minuten in heißer Butter dünsten. Den fertigen Karpfen (Rückenflosse muß sich herausziehen lassen) auf eine vorgewärmte Platte geben, mit Pilzen und Tomatenscheiben umlegen und mit Petersiliensträußchen garnieren. Dazu kann man Butterkartoffeln und beliebigen Salat reichen, als Getränk paßt ein kräftiger Weißwein.

Chinesischer Ingwerkarpfen

Die ersten systematischen Karpfenzüchter in Europa waren die Mönche, die den Fisch als Fastenspeise hegten und pflegten. Noch heute wird der Wasserablaß bei einem Fischteich als Mönch bezeichnet. Ein besonders „frommer" Fisch war der Karpfen jedoch ursprünglich nicht. Die Germanen weihten ihn der Göttin Freia, bei den Römern war er der Liebesgöttin Venus zugeeignet — vielleicht wegen seiner sprichwörtlichen Fruchtbarkeit, die nach altem Aberglauben auch auf den (oder die) übergeht, der vom Karpfen kostet. Begehrt sind die Schuppen des Silvesterkarpfens. Wer sie sich in den Geldbeutel legt, ist das ganze Jahr über gut bei Kasse.

1 vorbereiteter Karpfen (etwa 1,5 kg), 2 Eßlöffel Mehl, 1/4 l Öl, 3 Eßlöffel Sojasoße, 3 Eßlöffel Sake oder Sherry, 1 Prise Zucker, 1 Teelöffel Salz, 5 Scheiben frischer Ingwer, 2 gehackte Zwiebeln, 1/4 l Wasser

Karpfen unter fließendem Wasser abspülen, mit Küchenkrepp trockentupfen, auf beiden Seiten einschneiden und in Mehl wenden. Öl in der Bratenpfanne heiß werden lassen und den Karpfen darin auf jeder Seite 1 Minute anbraten, dann bei schwächerer Hitze je Seite noch 5 Minuten weiterbraten. Das Öl abgießen. Sojasoße, Sake oder Sherry, Zucker, Salz, Ingwerscheiben, Zwiebeln und Wasser dazugeben, den Fisch zugedeckt fertig garen, herausnehmen und auf einer vorgewärmten Platte anrichten. Den Fond durchseihen, etwas einkochen (nach Belieben mit etwas Speisestärke binden oder mit Sahne verfeinern), abschmecken und gesondert reichen. Dazu paßt körnig gekochter Reis. Als Getränk ist Bier geeignet.

Katfisch ungarische Art

Der Katfisch gehört wegen seines Raubtiergebisses nicht zu den nach unserem Geschmack schönsten Fischen — aber er schmeckt ausgezeichnet. Weil er meist von Muscheln und anderen Schaltieren lebt, nennt man ihn auch Austernfisch. Geräuchert wird er als Steinbeißer gehandelt.

1,5 kg Katfisch, 2 Eßlöffel Zitronensaft, 100 g Paprikaspeck, Salz, 2 Eßlöffel gemischte gehackte Kräuter, 60 g Butter, 1/8 l Sahne, 20 g Mehl; für die Sardellenbutter: 125 g Butter, 2 Teelöffel Sardellenpaste

Katfisch im Stück abhäuten, unter fließendem Wasser abspülen, mit Küchenkrepp trockentupfen, mit Zitronensaft beträufeln und 30 Minuten ziehen lassen. Paprikaspeck in dünne lange Streifen schneiden und das Fischfleisch der Länge nach damit durchziehen. Den Fisch salzen und mit Kräutern bestreuen, in eine Bratenform legen und mit heißer Butter begießen, im vorgeheizten Ofen bei 200° C in etwa 40 Minuten garen, nach der halben Bratzeit mit Sahne begießen, die mit dem Mehl verrührt wurde. Den Fisch mit Alufolie zudecken, wenn er zu schnell bräunt. Für die Sardellenbutter die Butter mit dem Schneebesen schaumig rühren, die Sardellenpaste hineinrühren. Die Butter abkühlen lassen, zu einer Rolle formen und in den Kühlschrank geben, vor dem Anrichten in Scheiben schneiden. Den Fisch aus der Form nehmen und auf eine vorgewärmte Platte legen. Den Fond abschmecken, bei Bedarf noch etwas Sahne hineinrühren, den Fisch mit der Soße umziehen, Sardellenbutter gesondert reichen. Dazu paßt am besten Kartoffelbrei, außerdem in Butter geschwenkte Gemüse und Pilze – und ein ungarischer Rotwein.

Blini
mit Kaviarcreme

„Iß Fisch, und du lebst länger", sagen die isländischen Fischer. Und weiter: „Iß Kaviar, und du liebst länger." Ob das stimmt, hat noch niemand herausgefunden. Aber die Vorstellung von der liebesfördernden Kraft der Stör-Eier aus dem Kaspischen Meer spukt schon seit Jahrhunderten durch die Gemüter der Kaviarfreunde. Echter Kaviar erlebte in den letzten Jahren Preissprünge, die die Ölpreissteigerungen weit hinter sich ließen. Am Kaviarabsatz hat das nichts geändert. Aber wer sparen will, kann den Preßkaviar bei diesem Rezept ohne weiteres gegen deutschen Kaviar (aus Seehasenrogen) tauschen.

1/4 l Milch, 1/4 l Wasser, 200 g Buchweizenmehl,
200 g Weizenmehl, etwas lauwarme Milch,
1 Teelöffel Zucker, 35 g Hefe, 50 g Butter,
2 Eier, Salz, Backfett; für die Creme:
100 g Preßkaviar, 1 Eigelb, 2 Teelöffel Butter,
1 Prise weißer Pfeffer, Saft einer halben Zitrone

Milch mit Wasser aufkochen, das Buchweizenmehl hineinrühren und abkühlen lassen. Aus etwas Weizenmehl, lauwarmer Milch, Zucker und Hefe einen Vorteig anrühren und 30 Minuten gehen lassen, mit Butter, Eiern, Buchweizenbrei, Salz und dem restlichen Weizenmehl zu einem Teig verarbeiten, der so flüssig ausfallen muß, daß man ihn wie Kartoffelpufferteig backen kann. Den Teig 30 Minuten zugedeckt und warmgestellt gehen lassen, in der Pfanne in heißem Fett handtellergroße Plinsen bakken und beiderseits bräunen. Kaviar mit Eigelb, Butter, Pfeffer und Zitronensaft zu einer nicht zu flüssigen Creme verrühren, die Blini damit bestreichen, heiß und knusprig zu Tisch geben. Sie können den Kaviar auch direkt aus der Dose auf die Blini geben, denn viele Kaviarfreunde wollen den Eigengeschmack unverfälscht genießen.

Knurrhahn à la Rennaise

Die pyramidenförmigen, im Mittelmeer weit verbreiteten Fische sind an ihrem kantigen Kopf und den weit abstehenden Flossen, mit denen sie sogar kurze Strecken fliegen können, leicht zu erkennen. Sie leben vorwiegend von Weichtieren und haben ein würziges, grätenarmes, sehr weißes Fleisch, das vorsichtig gegart werden muß, damit es nicht trocken wird, und kräftige Würzen verträgt. Wenn man sie aus dem Wasser zieht, knurren sie — daher der Name.

4 kleine Knurrhähne (je 250 g),
2 Eßlöffel Zitronensaft, Salz, 2 kleine Zwiebeln,
1 Knoblauchzehe, 5 Eßlöffel Olivenöl,
500 g Tomaten, weißer Pfeffer,
1/2 Teelöffel zerriebener Thymian,
1 Spritzer Tabascosauce, 1/4 l trockener Weißwein,
2 Eßlöffel Sahne

Knurrhähne vorbereiten, unter fließendem Wasser gründlich abspülen, trockentupfen, innen und außen mit Zitronensaft beträufeln und mit Salz bestreuen. Zwiebeln schälen und fein würfeln oder hacken, Knoblauchzehe zerdrücken oder hacken, beides in heißem Öl andünsten. Tomaten überbrühen, abziehen und das Fruchtfleisch würfeln, zu den Zwiebeln geben. Mit Salz, Pfeffer, Thymian und Tabascosauce würzen, dann den Weißwein angießen und die Fische hineingeben, im vorgeheizten Backofen bei 200° C in 30–35 Minuten garen, bei zu schneller Bräunung mit Alufolie abdecken. Die fertigen Fische herausnehmen und auf einer vorgewärmten Platte anrichten. Fond durchsieben, nochmals aufkochen, mit Sahne verfeinern und abschmecken, gesondert zu den Fischen reichen. Dazu paßt Kartoffelpüree und ein beliebiger Salat. Als Getränk wäre ein kräftiger Weißwein zu empfehlen.

Hefeteigpizza mit Nordseekrabben

Was im Binnenland als Krabben verkauft wird, ist eigentlich das Fleisch der Nordseegarnele, eines bis zu 6 cm langen Meereskrebses aus der Gattung der Langschwanzkrebse, der an der Küste, um die Verwirrung komplett zu machen, auch Granat genannt wird. „Richtige" Krabben (aus der Gattung der Kurzschwanzkrebse) gibt es zwar auch, sie kommen aber nicht in den Handel. Deshalb ist also in Rezepten im allgemeinen von Krabben die Rede, wenn Nordseegarnelen gemeint sind.

Für den Teig: 350 g Mehl, 20 g Hefe, 1 Teelöffel Zucker, 3–4 Eßlöffel Milch, 2 Eier, 1 Prise Salz, 40 g Butter; Öl für die Form; 200 g Emmentaler-Scheiben, 5 Tomaten, 1 Dose Nordseekrabben, 12 schwarze Oliven, Salz, schwarzer Pfeffer, 1 Teelöffel zerriebener Oregano, 4 Eßlöffel Olivenöl

Aus etwas Mehl, der zerbröckelten Hefe, dem Zucker und etwas Milch Hefe-Vorteig anrühren und 30 Minuten gehen lassen, dann die übrigen Teigzutaten hinzufügen, alles zu einem glatten Teig verarbeiten, zum Ballen formen und gehen lassen, bis sich die Teigmenge verdoppelt hat. Eine gefettete Springform mit dem Teig auslegen, den Rand etwas hochziehen, Käsescheiben darauf verteilen. Tomaten überbrühen, abziehen und in Scheiben schneiden, Krabben abtropfen lassen, Oliven entkernen. Den Teig mit Tomatenscheiben, Krabben und Oliven belegen, mit Salz, Pfeffer und Oregano würzen und mit Olivenöl beträufeln. Nochmals 30 Minuten gehen lassen, dann die Pizza 25 Minuten im vorgeheizten Backofen bei 220° C backen. Heiß mit mittelschwerem Rotwein zu Tisch geben.

Krabbensoufflé mit Butterkäse

Der Krabbenfang gehört zu den Aufgaben der Küstenfischerei. Die mit dem Schleppnetz gefangenen Tiere werden meist sofort an Bord gekocht und an Land wenige Stunden nach dem Fang geschält. Im Binnenland kann man nur das Krabbenfleisch kaufen. An der Küste gibt es auch frisch gekochte, ungeschälte Krabben. Wie man sie schält, kann man in Krabbenpulkursen lernen: Krabbe mit der einen Hand am Kopf, mit der anderen am Schwanz festhalten. Eine kleine Drehung — die Panzerung zerspringt, das zarte Fleisch kann herausgezogen werden.

40 g Butter, 30 g Mehl, 1/4 l Milch,
200 g Butterkäse, 200 g Krabbenfleisch (Dose),
1 Teelöffel Curry, Salz, weißer Pfeffer, 4 Eier,
etwas Butter für die Form, 50 g Schnittkäse;
für die Soße: 1/2 l helle Soße,
1 Eßlöffel Tomatenmark, Salz, 1 Prise Zucker,
2 Teelöffel Zitronensaft

Butter heiß werden lassen und das Mehl darin anschwitzen, mit Milch aufgießen und 5 Minuten kochen. Käse in Würfel schneiden und in der heißen Milch unter Umrühren schmelzen. Krabbenfleisch abtropfen lassen, fein hacken und in die Käsemasse geben, mit Curry, Salz und Pfeffer würzen. Den Topf von der Brennstelle nehmen und das Eigelb hineinrühren. Eiweiß steif schlagen und unterziehen. Die Masse in eine gefettete ofenfeste Form füllen und mit dünnen Käsescheiben belegen. Im vorgeheizten Ofen bei 180°C 25–30 Minuten backen. Nach Vorschrift helle Soße bereiten, Tomatenmark hineinrühren, mit Salz, Zucker und Zitronensaft abschmecken. Das fertige Soufflé sofort servieren und die Soße gesondert reichen. Dazu paßt beliebiger frischer Salat.

Pasteten mit Krebs– schwanzfüllung

Wie Lachs oder Hering war der Flußkrebs einst eine wohlfeile Delikatesse: 1 Schock (60 Stück) kostete eine Mark, und den Herrschaften war es verboten, die Dienstboten häufiger als zweimal in der Woche mit Krebsen zu traktieren.
Eine vor über 100 Jahren eingeschleppte Krebspest machte der Herrlichkeit ein Ende. Flußkrebse werden heute, keineswegs zu Ausverkaufspreisen, vor allem aus Polen, der Türkei und den Balkanländern importiert. Lebende Krebse werden meist im gewürzten Sud gekocht. Beim Essen dreht man zunächst den Schwanz aus dem Brustpanzer, öffnet ihn mit dem Krebsmesser und holt das Fleisch heraus. Die herausgebrochenen Scheren schlitzt man mit dem Krebsmesser auf, bricht mit dem Loch des Krebsmessers die Scherenspitzen ab und kommt nun ebenfalls an das Fleisch heran. Zuletzt werden die Krebsbeine einzeln ausgelutscht.

40 g Butter, 30 g Mehl,
1/8 l Fleisch- oder Fischbrühe,
1/8 l Sahne, 125 g Krebsschwänze (Dose), Salz,
2 Teelöffel Zitronensaft, 1 Eßlöffel Weißwein,
1/2 Bund Dill, 4 Blätterteigpasteten
(fertig eingekauft)

Butter erhitzen, das Mehl darin anschwitzen, mit Brühe auffüllen und 8 Minuten kräftig durchkochen. Die Sahne hineinrühren und die Krebsschwänze dazugeben, mit Salz, Zitronensaft und Weißwein abschmecken und den gehackten Dill (etwas davon als Garnierung zurücklegen) hineinrühren. Die Blätterteigpasteten 10 Minuten im vorgeheizten Ofen bei 180° C aufbacken, mit dem Ragout füllen, mit zurückbehaltenen Dillspitzen garnieren. Heiß als Vorspeise reichen.

Lachsscheiben gegrillt

Der Edelfisch Lachs oder Salm, seit Römerzeiten als Delikatesse geschätzt, lebt zwar hauptsächlich im Meer, wird aber zu den Süßwasserfischen gerechnet, weil er sich zum Laichen in die Flüsse begibt. Er lebt vor allem von kleineren Fischen und kann bis zu 1,50 m lang werden — durchschnittliche Lachse erreichen 80–100 cm Länge. Lachse werden heute in großem Umfang in Fischbrutanstalten gezüchtet und im Alter von zwei Jahren in der Ostsee ausgesetzt. Geschmackskräftiger sind Lachse aus dem Atlantik und Nordpazifik. Große Lachsmengen werden vor Alaska und Kanada gefangen.

4 Scheiben frischer Lachs (je 250 g),
2 Eßlöffel Zitronensaft, Salz, weißer Pfeffer,
1 große Zwiebel, 1 Bund Petersilie,
5 Eßlöffel Öl; 100 g Sardellenbutter, 1 Zitrone

Lachsscheiben unter fließendem kaltem Wasser abspülen, mit Küchenkrepp trockentupfen, mit Zitronensaft beträufeln, mit Salz und Pfeffer bestreuen und in eine Schüssel legen. Zwiebel schälen und in dünne Scheiben schneiden. Petersilie hacken (etwas davon zum Garnieren zurücklegen). Die Lachsscheiben mit Zwiebelscheiben belegen und mit gehackter Petersilie bestreuen, dann mit Öl begießen. 2 Stunden im Kühlschrank ziehen lassen, dabei den Fisch gelegentlich wenden. Den Fisch aus der Marinade nehmen, unter dem vorgeheizten Grill von jeder Seite 6–8 Minuten grillen, dabei mehrmals mit Öl bestreichen. Die Lachsscheiben auf einer vorgewärmten Platte anrichten und mit Scheiben von Sardellenbutter (siehe Rezept Seite 114) belegen. Mit Petersiliensträußchen und Zitronenachteln garniert zu Dillkartoffeln, beliebigem Salat und einem leichten Rotwein reichen.

Räucherlachs mit Meerrettichsahne

Ein großer Teil des Lachsfangs wird zu Räucherlachs verarbeitet, der im Stück oder geschnitten in den Handel kommt. Die entgräteten Lachsfilets werden dazu 1–2 Tage in einer milden Lake gepökelt. Geräuchert wird mit kaltem Buchenholzrauch in hohen Spezialräucheröfen bei etwa 40° C. Die Räucherzeit beträgt im allgemeinen drei Tage. Wenn die Lachshälften dabei auf Drahtrosten liegen, bleibt das Fleisch saftig. Im Gegensatz zum preiswerteren Lachsersatz aus dem Köhlerfisch oder Seelachs, der kräftig rosarot gefärbt in den Handel kommt, hat echter geräucherter Lachs eine Farbe, die zwischen zartrosa und rosagräulich schwankt — je nach Herkunft und Räucherverfahren. Die eher blasse Farbe ist also beim Lachs ein Qualitätsmerkmal.

Angeschnitten wird eine Lachshälfte immer am schmalen Schwanzende. Dabei führt man mit dem langen, flexiblen Lachsmesser mit abgerundeter Spitze schräge Schnitte nach hinten bis auf die Schwarte aus, damit die Scheiben möglichst groß werden. Die ideale Scheibendicke liegt zwischen 2 und 3 mm.

200 g Räucherlachs in dünnen Scheiben;
für die Meerrettichsahne: 1/4 l Sahne,
1 Prise Zucker,
3 Eßlöffel geriebener Meerrettich (Glas),
1 Teelöffel Zitronensaft, Salz

Räucherlachs schuppenartig auf einer Platte oder einem Holzbrett anrichten, erst kurz vor dem Anrichten schneiden. Für die Meerrettichsahne die Sahne steif schlagen und die übrigen Zutaten unterziehen, sorgfältig abschmecken. Die Meerrettichsahne gut gekühlt in einer Glasschüssel zum Räucherlachs reichen. Dazu passen Toastbrot und Butter.

Langusten mit Orangensoße

Langusten sehen so ähnlich aus wie Hummer und schmecken auch so. Wesentlicher Unterschied: sie haben keine Scheren. Die aus dem Mittelmeer stammende häufigste Langustenart hat einen stachelbewehrten Rücken und wird deshalb auch Stachelhummer genannt. Das folgende Rezept sieht kleine Langusten vor — man kann sie ohne weiteres durch eine große, etwa 2 kg schwere ersetzen.

Für den Sud: 1/2 Sellerieknolle, 2 Mohrrüben, 2 kleine Zwiebeln, 1/2 Bund Petersilie, je 2–3 Stengel Thymian, Basilikum und Salbei, 2 Lorbeerblätter, 1/2 Zitrone, 1 Glas Weißwein; 4 tiefgefrorene Langusten (je 300–350 g); 60 g Butter, grüner Pfeffer, 2 Eßlöffel Weinbrand, 3/8 l Sahne, 3 Eigelb, Saft von 3 Orangen; 2 Orangen, 8 Cocktailkirschen

Sellerie, Mohrrüben und Zwiebeln putzen, waschen und grob schneiden, in einem großen Topf mit Wasser, Kräutern, Lorbeerblättern, in Scheiben geschnittener Zitrone und Weißwein aufkochen. Nach 10 Minuten die Langusten unaufgetaut hineingeben, je nach Größe 20–30 Minuten kochen und abkühlen lassen. Die Langusten herausnehmen, abtropfen lassen und der Länge nach halbieren. Das Fleisch aus den Schalen und Beinen lösen und von Innereien reinigen, in 1 cm dicke Scheiben schneiden. Die Langustenscheiben in heißer Butter goldgelb braten, mit Salz, Pfeffer und Weinbrand würzen und 8 Minuten ziehen lassen, dann auf eine vorgewärmte Platte geben. Den Fond mit Sahne, Eigelb und Orangensaft verrühren, bei schwacher Hitze 5 Minuten köcheln lassen. Die Soße über das Langustenfleisch gießen, mit Orangenscheiben und Kirschen garnieren.

Lengfisch im Käsemantel

Der Lengfisch, ein Verwandter des Blauleng, ist ein schlanker, langer Seefisch mit festem weißem Fleisch. Aus größeren Exemplaren (bis zu 4 kg) werden Filets hergestellt, die sich besonders für Fischröllchen und dergleichen eignen. Manchmal werden aber auch kleinere Exemplare im Stück angeboten, die im Ofen gebacken (wie vorgeschlagen) oder auch im Wurzelsud gedämpft ausgezeichnet schmecken. Lengfische werden vor allem im Bereich der Shetland-Inseln gefangen.

1 Lengfisch (etwa 1,5 kg), 2 Eßlöffel Zitronensaft, Salz, etwas Fett für die Form, 1 große Zwiebel, 1 Eßlöffel Mehl, 2 Eßlöffel Semmelmehl, 2 Eßlöffel Reibkäse, 1/8 l saure Sahne, 4 große Tomaten, etwas Butter, 1/2 Bund Petersilie

Den Lengfisch vorbereiten, unter fließendem kaltem Wasser gründlich abspülen, mit Küchenkrepp trockentupfen, mit Zitronensaft beträufeln und salzen, etwas ziehen lassen. Eine ofenfeste Form fetten und den Fisch hineinlegen, mit der geschälten und fein gehackten Zwiebel bestreuen. Mehl mit Semmelmehl, Reibkäse und Sahne zu Soße verrühren und den Fisch damit überziehen. Tomaten kreuzweise einschneiden, etwas Salz und Butter hineingeben, die Tomaten rings um den Fisch anordnen. Die Form in den vorgeheizten Backofen geben und den Fisch bei 200° C in 25–35 Minuten garen. Alufolie auflegen, falls der Lengfisch zu schnell braun wird. Den Fisch auf einer vorgewärmten Platte mit den Tomaten anrichten, mit gehackter Petersilie bestreuen. Dazu passen Dillkartoffeln oder Kartoffelpüree und grüner oder gemischter Salat.

Makrelen auf Zoppoter Art

Die Makrele ist ein Raubfisch, der sich von Heringen, Krebsen und Weichtieren ernährt und ein delikates, festes und grätenarmes Fleisch liefert, das freilich ziemlich fettreich und schwer verdaulich ist. Trotzdem gehört sie zu den beliebtesten Fischen. Frische Makrelen, bis zu 30 cm lang, werden meist im ganzen zubereitet. Den ausgenommenen Fisch kann man ohne große Umstände durch den Bauch entgräten. Dazu klappt man ihn auf und zieht die Hauptgräte vom Kopf zum Schwanz heraus.

4 Makrelen (je 200–250 g), Saft einer Zitrone, 2 Zwiebeln, 250 g Tomaten, 100 g Champignons (Dose), 40 g Butter, Salz, weißer Pfeffer, 1 Prise zerriebener Thymian, 4 Eßlöffel saure Sahne, 1/2 Bund Petersilie

Makrelen vorbereiten, unter fließendem kaltem Wasser abspülen, mit Küchenkrepp trockentupfen, innen und außen mit Zitronensaft beträufeln und 20 Minuten ziehen lassen. Zwiebeln schälen und in Würfel schneiden. Tomaten überbrühen, abziehen, halbieren und entkernen, das Fruchtfleisch in nicht zu kleine Würfel schneiden. Butter in einem Topf erhitzen, die Zwiebelwürfel darin glasig dünsten, dann Tomatenwürfel und abgetropfte, halbierte Champignons dazugeben, mit Salz, Pfeffer und Thymian würzen, umrühren und alles 10–12 Minuten dünsten. Makrelen mit Salz einreiben, auf das Gemüse legen und zugedeckt 20 Minuten bei schwacher Hitze garen. Makrelen herausnehmen, das Gemüse in eine vorgewärmte Schüssel füllen und mit den Makrelen belegen. Die Fische mit etwas Sahne beträufeln und mit gehackter Petersilie bestreuen. Dazu kann man Reis oder Kartoffelpüree reichen. Ein leichter Rotwein paßt am besten als Getränk.

Räuchermakrelen flambiert

Ähnlich wie Heringe werden auch die Makrelen in unterschiedlichen Erscheinungsformen angeboten, soweit sie nicht frisch auf den Markt kommen. Ihr schmackhaftes Fleisch läßt sich vielseitig verarbeiten. So gibt es eingesalzene, marinierte, in Öl eingelegte und mit pikanten Soßen eingedoste Makrelen. Besonders beliebt sind geräucherte Makrelen, auch als Lachsmakrelen bekannt. Die mit dem Thunfisch verwandte Makrele ist im Gegensatz zu anderen schnellen Fischen nicht mit einer Schwimmblase ausgerüstet. Sie kommt nicht nur im Atlantik, in der Nord- und Ostsee vor, sondern — mit verschiedenen Abarten — auch im Mittelmeer. Dort fingen sie schon die Römer der Antike und bereiteten nicht nur leckere Fischgerichte daraus, sondern auch ihre berühmte Fischbrühe Garum, die sie als Speisewürze, aber auch als Arznei verwendeten.

4 Räuchermakrelen (je 200–250 g),
Saft einer halben Zitrone, 30 g Butter,
4 Eßlöffel Whisky;
zum Garnieren: 1 Zitrone

Räuchermakrelen abhäuten, die Filets ablösen und vorsichtig von Gräten befreien, auf einen Teller legen und mit Zitronensaft beträufeln, 30 Minuten ziehen lassen. Butter in einer Flambierpfanne erhitzen und die abgetropften Makrelenfilets darin beiderseits je 2–3 Minuten braten. 2 Eßlöffel Whisky darübergießen und heiß werden lassen. Den restlichen Whisky in eine Schöpfkelle geben und über der Spiritusflamme heiß werden lassen, dann anzünden und über die Makrelenfilets gießen. Den Fisch auf vier vorgewärmte Teller verteilen und mit Zitronenachteln garnieren. Dazu kann man Toast und Butter reichen. Ein trockener Weißwein paßt als Getränk.

Maränen in Thymiansoße

Die Maräne hat für Schleswig-Holstein die gleiche Bedeutung wie die Renken und Felchen für Süddeutschland. Sie wird auch Kleine Maräne oder Zwergmaräne genannt, hat einen heringsähnlich schlanken Körper und wird bis zu 25 cm lang. Ihr Rücken ist dunkelblau-grün gefärbt, die Seiten sind weiß. Der Fisch bevorzugt klares, sauerstoffreiches Seewasser, das er im deutschen Norden noch oft genug findet. Maränen werden auch frisch geräuchert verkauft.

*2 Maränen (je 500–600 g); für den Sud:
1 1/2 l Wasser, 1/8 l Essig, 2 Teelöffel Salz,
1 Zwiebel, 1 Lorbeerblatt, 1 Teelöffel Pfefferkörner,
5 Wacholderbeeren; für die Soße: 1 Zwiebel,
125 g Schinkenspeck, 30 g Butter, 30 g Mehl,
1/8 l Weißwein, 1/4 l Fischkochsud,
1 Teelöffel zerriebener Thymian,
2 Teelöffel Tomatenmark, 1/2 Glas Kapern, Salz,
Pfeffer, 1 Prise Zucker, 1 Eßlöffel Zitronensaft*

Maränen vorbereiten, unter fließendem Wasser abspülen und abtropfen lassen. Wasser mit den übrigen Sud-Zutaten aufkochen, die Maränen hineingeben und aufkochen, bei schwacher Hitze in etwa 20–25 Minuten garen, aus dem Sud nehmen und auf eine vorgewärmte Platte geben. Den Sud durchsieben. Für die Soße Zwiebel und Speck fein würfeln, in Butter glasig dünsten, Mehl darin anschwitzen, mit Wein und Sud auffüllen und die Soße 8 Minuten durchkochen. Mit den angegebenen Zutaten würzen und abschmecken. Die Maränen mit Soße überzogen zu körnig gekochtem Reis und frischem Salat reichen, die restliche Soße gesondert dazugeben. Dazu paßt ein trockener Weißwein.

Dänischer Matjescocktail

Der Matjeshering ist der Überlieferung nach eine holländische Erfindung aus dem 14. Jahrhundert. Aus den Niederlanden stammt sein Name, der sich mit „Mädchenhering" übersetzen läßt. Matjesheringe stehen besonders gut im Futter, weil sie ihre Kräfte noch nicht für die Anlage von Rogen- bzw. Milchdepots verbraucht haben. Ihr Fleisch ist überdies zarter als das von geschlechtsreifen Heringen. Dazu kommt die spezielle Einsalztechnik, die einst überhaupt nur die Holländer beherrschten. Die Fischer anderer Länder brauchten lange, bevor sie ähnliche Ergebnisse zustande brachten. Matjesheringe kommen des geringeren Salzgehaltes wegen mit wenigen Stunden Wässerungszeit aus.

4–6 Matjesfilets, 1/4 l Milch oder Buttermilch, Salatblätter; für die Cocktailsoße:
80 g Mayonnaise, 1 Eßlöffel Kräuteressig,
je 1 Spritzer Weinbrand und Worcestersauce,
weißer Pfeffer, 1 Eßlöffel gehackte Petersilie,
1/2 Teelöffel zerriebener Estragon;
zum Garnieren: 4 Teelöffel Tomatenketchup,
4 Teelöffel Zwiebelwürfelchen, 1/2 Zitrone

Matjesfilets einige Stunden in Milch oder Buttermilch ziehen lassen, dann abspülen, abtropfen lassen und in Stückchen schneiden. Stielschalen oder Schüsselchen mit Salatblättern auslegen. Mayonnaise mit den übrigen Soßenzutaten vermengen und pikant abschmecken, auf die Salatblätter verteilen. Die Matjesstücke daraufgeben, mit Tomatenketchup beträufeln und mit Zwiebelwürfeln bestreuen. Je ein Zitronenachtel dazugeben. Als Vorspeise mit Toast und Butter reichen.

Merlanfilets ungarisch

Der mit dem Schellfisch verwandte Merlan war früher ein wegen seiner leichten Verdaulichkeit sehr beliebter Fisch, geriet aber weitgehend in Vergessenheit — nur an der Küste behielt er seine Bedeutung. Seit sich die Seefischerei darum bemüht, ausgefallene Fänge durch eine Erweiterung des Programms auszugleichen, hat auch der Merlan oder Wittling wieder an Bedeutung gewonnen. Sein Fleisch hat keinen ausgeprägten Geschmack, es verträgt deshalb kräftige Soßen und Beigaben und schmeckt auch paniert und in Fett gebacken.

*4 Merlanfilets (je 200 g), 2 Eßlöffel Zitronensaft,
Salz, 65 g durchwachsener Räucherspeck,
1 Eßlöffel Schweineschmalz, 1 Eßlöffel Mehl,
4 Paprikaschoten, 2 Zwiebeln,
1 kleine Salatgurke, 40 g Butter, 1 Bund Petersilie*

Merlanfilets unter fließendem kaltem Wasser abspülen, trockentupfen, mit Zitronensaft beträufeln und salzen, ein paar Minuten ziehen lassen. Speck fein würfeln und in heißem Schmalz ausbraten. Die Filets nochmals kurz abtupfen, in Mehl wenden und in der Pfanne in heißem Speckfett beiderseits goldbraun braten und garen, warmstellen. Paprikaschoten von Kernen und Scheidewänden befreien und in Streifen schneiden, Zwiebeln schälen und in Ringe schneiden, Gurke schälen (bei Bedarf) und hobeln. Gemüse in Butter gar dünsten, dabei salzen und abschmecken. Das fertige Gemüse in eine vorgewärmte Schüssel geben und mit den Merlanfilets belegen. Gehackte Petersilie aufstreuen. Dazu kann man Kartoffelpüree oder körnig gekochten Reis reichen. Als Getränk ist ein leichter Rotwein geeignet.

Miesmuscheln in feurigem Sud

Sie wachsen wie Moos (mittelhochdeutsch: Mies) an Pfählen und Steinen der Küste und werden daher Miesmuscheln genannt. Große Mengen entstammen den von Muschelzüchtern angelegten Kulturen oder Muschelbänken. Miesmuscheln sind anspruchslos, sie werden auf beinahe jeder Unterlage seßhaft. Weil sie sich einst auch an Schiffswänden festsetzten, wurden sie über die ganze Welt verbreitet. Die Mies- oder Pfahlmuschel ist heute mit einer Jahresernte von etwa 3 Millionen Zentner die am häufigsten verspeiste Muschelart. Dabei waren in Deutschland bisher die Kölner die eifrigsten Muschelesser. Inzwischen hat sich die Muschelmode, wohl durch Urlaubserinnerungen aus südlichen Ländern befruchtet, aber auch über andere Regionen ausgebreitet.

Muscheln werden meist in einem würzigen Sud gekocht, den man mitessen kann. Sie müssen sich beim Kochen öffnen — nicht geöffnete wirft man fort, sie können verdorben sein.

1 Bund Suppengrün, 2 Zwiebeln, 20 g Butter, 1 Knoblauchzehe, 1 Flasche Tomatenketchup (etwa 340 g), 1/2 l Weißwein, Salz, Pfeffer, 1 Prise Zucker; 3 kg Miesmuscheln

Suppengrün und Zwiebeln putzen, fein schneiden und in einem großen Topf in heißer Butter andünsten. Knoblauchzehe zerdrücken oder fein hacken und dazugeben, mit Ketchup und Weißwein ablöschen. Den Sud mit Salz, Pfeffer und Zucker würzen, 10 Minuten durchkochen. Muscheln unter fließendem kaltem Wasser kräftig bürsten, den Bart entfernen. Die Muscheln in den stark kochenden Sud geben und in etwa 15 Minuten garen. Mit frischem Meterbrot und trockenem Weißwein zu Tisch geben.

Gebratene Plötzen mit Quarksoße

Sie gehören zu den ausgezeichnet schmeckenden, aber ziemlich grätenreichen Weißfischen, die Seen und Flüsse oft in großen Schwärmen bevölkern und deshalb häufig den größten Teil der Angler- oder Fischerbeute ausmachen. Plötzen können bis zu 30 cm lang und 1,5 kg schwer werden. Ihr Körper ist hochrückig und seitlich zusammengedrückt mit dunkelgrauem Rücken und silberglänzenden Seiten. Sie sind vor allem in Norddeutschland und in langsam fließenden Gewässern vertreten. Wer den Kampf mit den Gräten leid ist, verarbeitet Plötzen zu leckeren Fischsuppen oder zu Fischhackteig für Klößchen oder Füllungen.

4 Plötzen (je 200–250 g), 2 Eßlöffel Zitronensaft,
Salz, weißer Pfeffer, 2 Eßlöffel Mehl,
4 Eßlöffel Olivenöl; für die Soße:
1 Becher Joghurt, 100 g Quark,
2 Eßlöffel Sahne oder Dosenmilch,
65 g Gewürzgurken, 1 Bund Petersilie,
1 Teelöffel geriebener Meerrettich (Glas)

Die Plötzen vorbereiten, unter fließendem kaltem Wasser abspülen, mit Küchenkrepp trockentupfen und mit Zitronensaft beträufeln, 15 Minuten ziehen lassen. Die Fische mit Salz und Pfeffer einreiben, in Mehl wenden und in der Pfanne in heißem Olivenöl von beiden Seiten goldbraun braten und garen (je Seite 5–7 Minuten). Die Plötzen auf einer vorgewärmten Platte anrichten. Für die Soße Joghurt mit Quark und Sahne glattrühren, in kleine Würfel geschnittene Gurken, gehackte Petersilie und Meerrettich hineingeben, mit Salz abschmecken. Die Soße gesondert zu den Fischen reichen. Dazu passen Petersilien- oder Kräuterkartoffeln und ein Glas Bier.

Quappe
in Rotweinsoße

Die Quappe, auch Aalquappe oder -rutte genannt, lebt vor allem am Grund von Fließgewässern und ist als gefräßiger Raubfisch unter Anglern nicht sonderlich beliebt — dafür um so mehr in der Küche. Quappen haben schmackhaftes Fleisch und überdies besonders große und schmackhafte Lebern, die vor der Zubereitung gründlich gewässert werden müssen. Man kann sie braten oder zu Ragout verarbeiten.

1 Quappe (1,5 kg); für den Sud: 1 Zwiebel,
1 Mohrrübe, 1 Stückchen Fenchelknolle,
1/4 l Rotwein, 1/2 l Wasser, Salz,
1 Teelöffel Pfefferkörner, 4 Wacholderbeeren;
für die Soße: 30 g Butter, 30 g Mehl,
3/8 l Fischsud, 1 kleine Dose Champignons,
weißer Pfeffer, 1 Prise Zucker,
1 Spritzer Tabascosauce, 1 Bund Petersilie

Die Quappe vorbereiten, unter fließendem kaltem Wasser gründlich waschen, mit Küchenkrepp trockentupfen, in 8 Portionsstücke schneiden. Grob geschnittene Zwiebel, Mohrrübe und Fenchel mit Rotwein, Wasser, Salz und Gewürzen aufsetzen, zum Kochen bringen und die Fischstücke hineingeben, wieder aufkochen und den Fisch bei schwacher Hitze in etwa 20 Minuten gar ziehen lassen. Die Fischstücke aus dem Sud nehmen und warmstellen, den Sud durchsieben. Für die Soße die Butter heiß werden lassen und das Mehl darin goldbraun rösten, mit Fischsud aufgießen, unter Umrühren 8 Minuten kochen, dann die geschnittenen Champignons hineingeben und die Soße mit Pfeffer, Zucker und Tabascosauce abschmecken, gehackte Petersilie hineinrühren. Den Fisch mit Soße begießen, den Rest gesondert reichen. Dazu paßt körnig gekochter Reis und ein frischer Salat, als Getränk leichter Rotwein.

Starnberger-See-Renken

Wie die Maränen und Felchen gehören die vor allem im Starnberger See verbreiteten Renken zur großen Fischfamilie der Salmoniden, der auch Lachse und Forellen zuzurechnen sind. Manche Fischbiologen betrachten die Renkengruppe, fachlich als Coregonen bezeichnet, sogar als eigene Familie, weil sie aus unübersehbar vielen Arten besteht und fast jeder See seine eigenen Coregonen hat. Renken kann man blau sieden oder nach der Müllerin braten — am besten schmecken sie an einem Sommerabend in einem Seerestaurant am Starnberger See.

4 Renken (je 200–250 g), 2 Eßlöffel Zitronensaft, Salz, 1 Eßlöffel Mehl, 60 g Butter; für die Soße: 1 Zwiebel, 1 Bund Petersilie, 1/4 l Weißwein, 1/8 l Wasser, weißer Pfeffer; für die Garnierung: 1 Zitrone

Renken vorbereiten, unter kaltem fließendem Wasser abspülen, mit Küchenkrepp trockentupfen, innen und außen mit Zitronensaft beträufeln und 20 Minuten ziehen lassen. Die Fische salzen und in Mehl wenden, in der Pfanne in heißer Butter (20 g davon für die Soße beiseite legen) rundum goldbraun braten und garen, dann aus der Pfanne nehmen und auf eine vorgewärmte Platte legen. Für die Soße Zwiebel schälen und fein würfeln, in der Pfanne in Fischbratfett und restlicher Butter glasig dünsten. Weißwein und Wasser angießen, bei kräftiger Hitze etwas einkochen lassen, dann die Hälfte der Petersilie hacken und dazugeben, mit Salz und Pfeffer würzen und abschmecken. Die Renken mit Soße überziehen, mit Petersiliensträußchen und Zitronenachteln zu Tisch geben. Dazu passen Butterkartoffeln und Kopfsalat, als Getränk kommt ein fruchtiger Weißwein in Frage.

Rotbarsch-Schaschlik ungarisch

Seinen Namen hat der Rotbarsch von seiner leuchtend roten bis orangeroten Farbe, die übrigens ein Kennzeichen seiner Fischfamilie, der Scorpaeniden ist: Fast alle Gattungen der Scorpaeniden sind an ihrer roten Farbe zu erkennen. An der Luft schlägt das Rot allerdings sehr schnell in Grau um. Das feste und fette Rotbarschfleisch wird meist schon an Bord der Fangschiffe filetiert und tiefgefroren. Rotbarsche können bis zu 1 m lang werden. Die meisten schaffen es allerdings nur bis 60 cm und brauchen dafür schon mehr als 20 Lebensjahre. Außer diesem Großen Rotbarsch gibt es noch den Kleinen Rotbarsch, der nur 30 cm lang wird, also im Gegensatz zu seinem größeren Vetter auch im Stück zubereitet werden kann. Anders als die meisten anderen Fische legt der Rotbarsch keine Eier, sondern bringt lebende Junge zur Welt.

800 g Rotbarschfilet, 2 Eßlöffel Zitronensaft, Salz, Edelsüßpaprika, 100 g fetter Räucherspeck, 2–3 kleine Zwiebeln, 1–2 Gewürzgurken; Bratfett

Fischfilet unter fließendem kaltem Wasser abspülen, mit Küchenkrepp trockentupfen und in Stücke mit 4–5 cm Durchmesser schneiden. Die Fischhappen mit Zitronensaft beträufeln, 20 Minuten ziehen lassen, dann salzen und mit Paprika bestreuen. Speck, geschälte Zwiebeln und Gurken in Scheiben schneiden, abwechselnd mit Fischstücken auf Spießchen stecken. In der Pfanne in heißem Fett von allen Seiten braun braten. Die Spießchen abtropfen lassen, zu Kartoffelpüree und grünem Salat reichen. Ein leichter Rotwein schmeckt am besten dazu.

Rotbarschsalat Florida

Von Oktober bis März schmeckt der Rotbarsch, manchmal auch als Goldbarsch angeboten, am besten. Sein saftiges weißes Fleisch zerfällt beim Kochen nicht so leicht, deshalb eignet es sich auch für Salate ausgezeichnet. Es sollte allerdings nach dem Garen möglichst bald auf den Tisch kommen, weil es empfindlicher ist als etwa Kabeljaufleisch. Der normalerweise in Tiefen von 200 bis 1000 m lebende Rotbarsch wurde in den letzten Jahren in so großen Mengen gefangen, daß die Bestände stark dezimiert sind. In der nächsten Zeit wird Rotbarsch deshalb zu den seltener angebotenen Fischen gehören müssen. Er kann sich von den zu starken Eingriffen nur allmählich erholen, weil er erst mit 10 Jahren laichreif ist und langsamer heranwächst als andere Fische.

750 g Rotbarschfilet, Salz, 3 Orangen,
2 Bananen, 2 Äpfel;
Salatsoße aus 125 g Mayonnaise,
Saft einer Zitrone,
1 Eßlöffel fein gehackten Nüssen oder Mandeln

Fischfilet vorbereiten, in schwach gesalzenem Wasser garen, aber nicht zu weich kochen. Das Filet abtropfen und erkalten lassen, in kleine Stückchen zerpflücken. Orangen schälen, von der weißen Innenhaut befreien, in Spalten teilen und diese quer zerschneiden, dabei etwaige Kerne entfernen. Bananen schälen und in Scheiben schneiden. Äpfel schälen, vom Kernhaus befreien und in Streifchen schneiden. Mayonnaise mit Zitronensaft und Nüssen oder Mandeln mischen und über das Obst geben, vorsichtig vermengen. Zuletzt den Fisch unterheben. Den Salat sofort servieren: mit Toastbrot und Butter zum Abendessen oder auch als Bestandteil eines Kalten Büfetts.

Gebackene Sardinen mit Oliven

Sardine nennt man die Jungform eines Fisches, der eigentlich Pilchard heißt und die wir vor allem als Ölsardine oder auf andere Weise konserviert kennen. Sie kommt im Atlantik vor und ist der wichtigste Heringsfisch des Mittelmeers. Frische Sardinen sind im Binnenland nur selten zu bekommen, weil ihr Fleisch sehr empfindlich ist und leicht verdirbt. Sie schmecken gegrillt oder paniert und gebacken besonders gut, man kann aber auch Fischrouladen mit beliebiger Füllung daraus zubereiten.

Zur Verwandtschaft der Sardine gehört die Sardelle, die eingesalzen als Anchois verkauft wird. Die Sprotte, bei uns vor allem geräuchert im Handel, liefert eingesalzen dagegen die Anchovis. Beide ähnlich verwendeten Zubereitungen werden oft verwechselt.

12 frische Sardinen, 2 Eßlöffel Zitronensaft, Salz, weißer Pfeffer, 1 Eßlöffel Mehl, 2 Eier, 2 Eßlöffel Semmelmehl, 5 Eßlöffel Olivenöl; 12 schwarze Oliven, 1 Zitrone

Sardinen von Kopf und Schwanz befreien, aufschneiden, Eingeweide und Hauptgräten herausnehmen. Die Fische unter fließendem kaltem Wasser abspülen, mit Küchenkrepp trockentupfen, innen und außen mit Zitronensaft beträufeln und 20 Minuten ziehen lassen. Fische nochmals abtupfen, mit Salz und Pfeffer einreiben, aufgeklappt nacheinander in Mehl, verquirlten Eiern und Semmelmehl wenden. In der Pfanne in heißem Olivenöl von beiden Seiten goldgelb braten und auf eine vorgewärmte Platte legen, mit schwarzen Oliven und Zitronenachteln garnieren. Dazu kann man Meterbrot und Butter oder auch Kartoffelsalat reichen, als Getränk kräftigen Weißwein oder Bier.

Scampi mit Olivensoße

Die Scampi (Einzahl: Scampo) gehören zu den Kleinhummern, man nennt sie aber gelegentlich auch Kaisergranat oder (in Frankreich) Langustinen. Im Gegensatz zu den Tiefseegarnelen oder Shrimps sind sie wie Hummer mit einem Scherenpaar ausgerüstet, das allerdings ziemlich winzig ausfällt und kein eßbares Fleisch enthält. Die bis zu 25 cm langen Scampi leben im Mittelmeer in Tiefen bis zu 400 m. An den spanischen und italienischen Küsten werden sie frisch zubereitet angeboten, meist in der halbierten Schale gegrillt oder auch in einer würzigen Soße. In deutschen Fischgeschäften gibt es sie tiefgefroren, aus der Dose oder dem Glas, in der Regel schon geschält, mit einer an große Krabben erinnernden Form.

16 tiefgefrorene Scampi, 2 Eßlöffel Zitronensaft,
Salz, 3 Eßlöffel Olivenöl; für die Soße:
je 6 grüne und schwarze Oliven,
1/2 Teelöffel zerriebener Thymian, Salz,
1/2 Teelöffel weißer Pfeffer, 1 kleine geriebene
Zwiebel, 1 Eßlöffel Zitronensaft,
2 Teelöffel Olivenöl

Scampi nach Vorschrift auftauen lassen, unter fließendem kaltem Wasser abspülen, mit Küchenkrepp trockentupfen und mit Zitronensaft beträufeln, 10 Minuten ziehen lassen. Nochmals abtupfen, leicht salzen und in der Pfanne in heißem Olivenöl von allen Seiten braten. Die Scampi auf einer vorgewärmten Platte anrichten. Oliven entsteinen, das Fruchtfleisch fein schneiden oder hacken, mit den übrigen Zutaten zu einer kräftig abgeschmeckten kalten Soße verarbeiten. Die Soße gesondert zu den Scampi reichen, dazu Stangenweißbrot und Butter. Als Getränk eignet sich trockener Weißwein.

Scampisalat Humplmayr

„Pesce armà" nennen die italienischen Fischer zusammenfassend alle mit Krusten oder Schalen versehenen Meerestiere, die sie aus dem Mittelmeer an Land ziehen: bewaffnete (oder gepanzerte) Fische. Neben den Scampi sind das vor allem Tiefseegarnelen (Gamberetti), einst eine beliebte Fastenspeise. In geschältem Zustand kann man sie leicht mit Scampi verwechseln. Aber auch See- und Taschenkrebse verschiedener Arten liefert das Mittelmeer, daneben eine Vielzahl von großen und kleinen Muscheln.

Das folgende Scampirezept ist eine originelle Erfindung aus der Küche des Münchner Weinrestaurants Humplmayr, das einst zu den beliebtesten Restaurants der bayerischen Hauptstadt zählte. Es besteht seit einigen Jahren nicht mehr.

250 g Scampi (Dose), je 50 g Pfirsiche, Birnen, Ananas, Champignons und Spargel (aus Dosen); für die Marinade: 3 Eßlöffel Tomatenketchup, 4 Eßlöffel Mayonnaise, je 1 Eßlöffel frisch geriebener Meerrettich und fein gehacktes Mango-Chutney, 2 Eßlöffel Chilisauce, 1/2 Eßlöffel fein gehackte kandierte Ingwerwurzel, 3 Eßlöffel Weinbrand, Saft je einer halben Orange und Zitrone, 2 Eßlöffel Ananassaft, 4 Eßlöffel steif geschlagene Sahne, Salz

Scampi mit fein gewürfelten Pfirsichen, Birnen und Ananas mischen, die in Scheiben geschnittenen, abgetropften Champignons und den in Stückchen geschnittenen Spargel dazugeben und alles vermengen. Für die Marinade alle Zutaten verrühren und sorgfältig abschmecken. Die Marinade unter den Salat ziehen, kühl mit Toast und Butter zu Tisch geben. Ein trockener Weißwein paßt am besten dazu.

Schellfischfilet in Teufelssoße

Größere Exemplare werden in der Nordsee und im Nordatlantik mit dem Schleppnetz gefangen und zu Filet verarbeitet, kleinere, die Angelschellfische, in Küstennähe mit der Grundangel. Das weiße Fleisch ist fettarm und lecker. Seit die Bestände weitgehend leergefischt wurden, kommt der Schellfisch nur noch selten in den Handel — und zu hohem Preis.

4 Schellfischfilets (je 200 g),
2 Eßlöffel Zitronensaft, 1 l Wasser, Salz,
1 Stengel Liebstöckel; für die Soße:
30 g Butter, 30 g Mehl,
1–2 Eßlöffel Tomatenmark, 3/8 l Fischsud,
je 1 Eßlöffel gehackte Gewürz- und Senfgurke,
1 Eßlöffel Silberzwiebeln, 1 Prise Zucker,
Streuwürze, Edelsüßpaprika,
1 Spritzer Tabascosauce, 1 Prise Cayennepfeffer,
1 Prise weißer Pfeffer; für die Garnierung:
1/2 Bund Petersilie, 1 Zitrone

Fischfilet unter fließendem Wasser abspülen, mit Küchenkrepp trockentupfen, mit Zitronensaft beträufeln und 15 Minuten ziehen lassen. Wasser mit Salz und Liebstöckel aufkochen, den Fisch hineingeben, zum Kochen bringen und bei schwacher Hitze 10 bis 12 Minuten ziehen lassen, dann auf eine vorgewärmte Platte geben. Für die Soße Mehl in heißer Butter anschwitzen, das Tomatenmark hineinrühren, mit Fischsud aufgießen und 8 Minuten durchkochen. Gurkenstücke und Zwiebeln hineingeben, mit den angegebenen Gewürzen abschmecken — je nach Geschmack mehr oder weniger scharf. Den Fisch mit etwas Soße überziehen, den Rest gesondert reichen. Mit Petersiliensträußchen und Zitronenachteln garnieren. Dazu Reis und gemischten Salat reichen. Als Getränk ist ein feuriger Rotwein gut geeignet.

Schleie mit Senfsoße überbacken

Die Schleie ist eine Verwandte des Karpfens und lebt wie dieser bevorzugt in flachen Teichen oder Seen oder in Moorgewässern. Es gibt junge Portionsschleien von 200—300 g, aber auch, wie bei den Karpfen, bemooste Häupter, die bis zu 6 kg schwer werden können. Die Schleie hat ein zartes Fleisch, kann aber leichten Modergeschmack mitbringen, weswegen es sich empfiehlt, die Fische vor dem Schlachten einige Zeit in frischem, klarem Wasser zu halten.

1 große Schleie (etwa 1 kg), 2 Eßlöffel Zitronensaft, Salz, etwas Fett für die Form, 1 Glas Weißwein, 1 Zwiebel, 1 Mohrrübe, 1/2 Lorbeerblatt, 4 Pfefferkörner, 1 Eßlöffel gehackte Kräuter, 30 g Butter; für die Soße: 30 g Butter, 30 g Mehl, 1—2 Eßlöffel Senf (je nach Schärfe), 3 Eßlöffel süße Sahne, 1 Bund Petersilie

Schleie vorbereiten, unter fließendem Wasser abspülen, mit Küchenkrepp trockentupfen und mit Zitronensaft beträufeln, innen und außen salzen. Den Fisch in eine gefettete ofenfeste Form legen und den Wein angießen. Grob geschnittene Zwiebel und Mohrrübe sowie Gewürze dazugeben. Den Fisch mit Butterflöckchen belegen, im vorgeheizten Backofen 20—25 Minuten bei 200° C braten und garen, die Brühe vorsichtig abgießen. Mehl in heißer Butter anschwitzen, mit 1/2 l Kochbrühe auffüllen, 8 Minuten durchkochen, mit Senf abschmecken und die Sahne hineinrühren. Soße über den Fisch gießen, nochmals kurz in den Ofen schieben, dann mit gehackter Petersilie bestreut servieren. Dazu passen Dillkartoffeln und Salate oder auch Kartoffelpüree. Als Getränk wäre kräftiger Weißwein am passendsten.

Schollenfilets im Zwiebelbett

Die Scholle ist der beliebteste Plattfisch und wird im ganzen oder filetiert zubereitet. Sie hat eine braungraue, mit roten Punkten besetzte Augenseite und eine weißliche Unterseite. Bei der Zubereitung im Stück kann man die Haut abziehen — das muß aber nicht sein. Feinschmecker schwärmen ganz besonders für sie, wenn sie goldbraun gebraten ist. Gelegentlich werden Schollen auch geräuchert angeboten — aber fast nur an der Küste.

8 Schollenfilets, 2 Eßlöffel Zitronensaft, Salz, 2 Eßlöffel Mehl, 60 g Butter, 65 g Nordseekrabben (Dose), 2 Zwiebeln, 20 g Butter, 1 Glas Weißwein, grüner Pfeffer, 1 Teelöffel Curry, 1 Eßlöffel Mango-Chutney, 1 Glas Tomatenpaprika, 1 Bund Dill

Schollenfilets unter fließendem kaltem Wasser abspülen, trockentupfen, mit Zitronensaft beträufeln und salzen. Die Filets in Mehl wenden, in der Pfanne in heißer Butter von jeder Seite etwa 3 Minuten goldbraun braten, daneben das abgetropfte und trockengetupfte Krabbenfleisch heiß werden lassen. Fischfilets und Krabben warmstellen. Zwiebeln schälen und in Ringe schneiden, in der Pfanne in heißer Butter andünsten, dann den Wein angießen und mit Pfeffer, Curry und Chutney würzen, 5 Minuten weiterdünsten. Tomatenpaprika abtropfen lassen, beliebig schneiden und dazugeben, nochmals 5 Minuten dünsten. Gemüse auf einer vorgewärmten Platte anrichten und mit den Schollenfilets belegen, darauf die Krabben geben. Das mit gehacktem Dill bestreute Gericht zu Curryreis und frischem Salat reichen. Ein kräftiger Weißwein paßt gut dazu, man kann aber auch ein Glas Bier anbieten.

Maischollen mit Krabbensahne

Maischollen sind nichts anderes als im Mai gefangene Schollen — in diesem Monat haben die auch Goldbutt genannten Plattfische den besten Geschmack. Für die Kutterfischerei in Küstennähe haben die Schollen erhebliche wirtschaftliche Bedeutung. Im Mittelmeer sind sie nicht oder nur selten zu finden.

4 Maischollen (je 350–400 g); für den Sud:
1 1/2 l Wasser, 5 Eßlöffel Essig, 1 kleine Zwiebel,
1 Lorbeerblatt, 2 Gewürznelken, 2 Teelöffel Salz;
für die Soße: 40 g Butter, 20 g Mehl,
1/4 l Weißwein, 1/2 Becher Sahne, 1 Eigelb,
100 g Nordseekrabben (Dose),
1 Eßlöffel Zitronensaft, Salz, weißer Pfeffer;
für die Garnierung: 1 Zitrone,
50 g deutscher Kaviar

Maischollen vorbereiten, unter fließendem kaltem Wasser abspülen und abtropfen lassen. Wasser in einem großen Topf mit Essig, grob geschnittener Zwiebel, Gewürzen und Salz aufkochen, die Schollen hineingeben, die Flüssigkeit wieder zum Kochen bringen und die Fische bei schwacher Hitze in etwa 15 Minuten gar ziehen lassen, dann herausnehmen und auf eine vorgewärmte Platte legen. Sud durchsieben. Für die Soße Mehl in heißer Butter anschwitzen, Weißwein und 1/4 l Sud angießen, 8 Minuten kräftig durchkochen. Die Soße von der Brennstelle nehmen, mit Sahne und Eigelb verrühren, die abgetropften Krabben hineingeben und heiß werden lassen, mit Zitronensaft, Salz und Pfeffer abschmecken. Zitronenscheiben auf die Maischollen legen und auf jede Scheibe etwas Kaviar häufen. Die Schollen mit Soße umziehen, den Rest gesondert reichen. Dazu passen junge Butterkartoffeln und frischer Salat, als Getränk leichter Weißwein.

Schwertfisch mit Pfeffersoße

Der in den wärmeren Zonen weltweit verbreitete Schwertfisch (sein Schwert macht fast 1/3 der Gesamtlänge aus) erreicht ein Durchschnittsgewicht von 50 kg, es gibt aber auch zehnmal schwerere Exemplare. Er ist ein gefräßiger Räuber, der sich vor allem von Makrelen, Hornhechten und Heringen ernährt. Wenn er dicht unter der Wasseroberfläche jagt, kann man ihn mit dem Hai verwechseln: Seine Rückenflosse sieht ganz ähnlich aus wie die eines Haifischs.

4 Scheiben Schwertfisch (je 200 g);
für die Marinade: 2 Eßlöffel Olivenöl,
1 Glas trockener Weißwein, 1 Lorbeerblatt,
1 zerquetschte Knoblauchzehe,
1/2 Bund Petersilie, Salz, 1 Teelöffel Pfefferkörner,
1 Eßlöffel Zitronensaft; für die Soße:
2 fein gehackte Knoblauchzehen,
2 Eßlöffel Olivenöl, 2 Sardellenfilets,
1 Teelöffel zerriebener Oregano,
1 scharfe Pfefferschote, 2 Eßlöffel Zitronensaft,
Salz, 1/2 Bund Petersilie

Schwertfischscheiben unter fließendem kaltem Wasser abspülen, abtropfen lassen, 2 Stunden in einer Marinade aus den angegebenen Zutaten ziehen lassen. Für die Soße Knoblauch in der Pfanne in heißem Öl anbraten, gehackte Sardellenfilets dazugeben und einige Minuten mitbraten, dann Oregano und die entkernte und gehackte Pfefferschote dazugeben, nochmals kurz erhitzen. Die Soße mit Zitronensaft und Salz abschmecken. Fischscheiben aus der Marinade nehmen, mit Küchenkrepp trockentupfen und unter dem vorgeheizten Grill garen, dabei mehrmals mit Marinade bestreichen. Den Fisch mit Soße überzogen servieren, dazu Reis oder Kartoffelpüree und frische Salate reichen, als Getränk leichten Rotwein oder einen etwas schwereren italienischen Weißwein.

Seehecht polnische Art

Der Seehecht ist ein enger Verwandter des Schellfischs und wird manchmal mit diesem verwechselt.
Wichtigstes Unterscheidungsmerkmal: beim Seehecht sind die zweite und dritte Rückenflosse zu
einer durchgehenden langen Flosse vereinigt,
beim Schellfisch sind deutlich einzelne Flossen zu
erkennen. Bei den Flossen an der Unterseite verhält es sich ebenso. Im Binnenland werden im allgemeinen die Filets größerer Seehechte angeboten.
Nur an der Küste (und ebenso in Spanien und Italien) kann man manchmal auch einen kleineren
Seehecht erwischen, der im Stück zubereitet wird.
Das Fleisch ist weiß und wohlschmeckend, etwas
weicher als das des Kabeljaus. Seehechte gehören
zu den „Ausweichfischen", die künftig stärker im
Angebot vertreten sein sollen.

800 g Seehechtfilet, 2 Eßlöffel Zitronensaft,
Salz, 3 Eßlöffel Mehl, 60 g Butter;
für die Soße: 100 g Butter,
3 Eßlöffel Semmelmehl, 3 hartgekochte Eier,
1/2 Bund Petersilie, weißer Pfeffer, Salz

Seehechtfilet unter fließendem kaltem Wasser
abspülen, mit Küchenkrepp trockentupfen, mit
Zitronensaft beträufeln und 15 Minuten ziehen lassen. Mit Salz bestreuen, in Mehl wenden, in der
Pfanne in heißer Butter von beiden Seiten goldgelb
braten (je Seite etwa 5 Minuten). Die Filets auf einer
vorgewärmten Platte warm halten. Butter in der
Pfanne zerlassen, das Semmelmehl darin bräunen.
Eier schälen, fein hacken, mit gehackter Petersilie,
Pfeffer und Salz mischen und die Filets damit
bestreuen, mit Buttersoße übergießen. Dazu Petersilienkartoffeln und Kopfsalat reichen, als Getränk
einen Weißwein von der Loire.

Seelachs mit Kräutern gebacken

Als Seelachs wird der Köhler- oder Kohlfisch aus der Familie der Schellfische in den Handel gebracht. Sein schmackhaftes frisches Fleisch ist leicht grau und deshalb (zu Unrecht) wohl nicht so beliebt. Es läßt sich gut färben — dieser Tatsache und dem Umstand, daß sich das feste Seelachsfleisch problemlos in hauchdünne Scheiben schneiden läßt, verdankt der Fisch seine Karriere als Lachsersatz: geräuchert, rosa gefärbt, geschnitten und in Öl eingelegt.

4 Seelachsfilets (je 200 g), Saft einer Zitrone, Salz, 100 g durchwachsener Speck, 2 Zwiebeln, 500 g Tomaten, je 1 Bund Dill, Schnittlauch und Petersilie, 1/2 Kästchen Kresse, je 1/2 Teelöffel Kerbel und Estragon, 1/8 l saure Sahne, weißer Pfeffer, 2 Eßlöffel Semmelmehl

Seelachsfilets unter fließendem kaltem Wasser abspülen, mit Küchenkrepp trockentupfen, mit Zitronensaft beträufeln und 15 Minuten ziehen lassen, dann salzen. Speck in Würfel schneiden und in der Pfanne anbraten, die gewürfelten Zwiebeln dazugeben und glasig braten. Tomaten überbrühen, abziehen und in Scheiben schneiden. Kräuter abspülen, trockentupfen und fein hacken oder schneiden, mit saurer Sahne mischen, salzen und pfeffern. Die Hälfte der Speck-Zwiebel-Mischung in eine ofenfeste Form geben, Tomatenscheiben darauf verteilen und die Filets auflegen. Mit der Kräutersahne überziehen, restliche Speck-Zwiebel-Mischung darauf verteilen und Semmelmehl aufstreuen. Die Form zugedeckt in den vorgeheizten Ofen schieben und den Fisch 15 Minuten bei 200° C backen. In der Form zu Tisch geben. Dazu passen Butterkartoffeln oder Kartoffelpüree, Salat und ein kräftiger Rotwein.

Seeteufel in Pfeffersahne

Auf den Speisekarten von Feinschmeckerrestaurants erscheint der Seeteufel oder Anglerfisch meist mit seiner französischen Bezeichnung: Lotte. Bei den Italienern steht Coda di rospo auf dem Küchenplan, was soviel wie Seeteufelschwanz bedeutet — und das hat seinen Grund. Der großmäulige Seeteufel besteht nämlich, wenn alles Ungenießbare weggeschnitten ist, praktisch nur noch aus dem Fischschwanz, der freilich mit weißem, festem, sehr saftigem und grätenarmem Fleisch aufwartet, das ein bißchen nach Langusten schmeckt. Von allen Zubereitungsarten ist das Braten am besten für den Seeteufel geeignet. Beim Dünsten kann das Fleisch zäh werden. Berühmt ist die Leber des Seeteufels — für sie schwärmte schon der berühmte Kochkünstler Escoffier.

4 Scheiben Seeteufel (je 200 g),
2 Eßlöffel Zitronensaft, Salz, 2 Eßlöffel Mehl,
60 g Butter, 1/4 l Sahne,
2 Teelöffel geschroteter grüner Pfeffer,
40 g Butter

Seeteufelscheiben unter fließendem kaltem Wasser abspülen, mit Küchenkrepp trockentupfen, mit Zitronensaft beträufeln und 15 Minuten ziehen lassen, dann salzen, in Mehl wenden und in der Pfanne in heißer Butter beiderseits je 6–8 Minuten goldgelb braten. Die Scheiben herausnehmen und auf einer vorgewärmten Platte warmstellen. Sahne in die Pfanne geben und mit dem Fond verrühren, den grünen Pfeffer hinzufügen und die Soße etwas einkochen. Dann nach und nach Butter dazugeben und mit dem Schneebesen einarbeiten. Die Seeteufelscheiben mit Soße umzogen zu Stangenweißbrot oder Petersilienkartoffeln und frischem Salat reichen. Dazu wäre ein leichter Rotwein möglich.

Seewolf provenzalische Art

Der Seewolf gehört zu den Mittelmeerfischen, die sich in den letzten Jahren auch bei uns die Feinschmeckerküchen erobert haben. Er steht in Frankreich als Loup de mer, in Italien als Spigola auf der Speisekarte. Man kann ihn grillen und flambieren, pochieren oder in Folie garen. Sein zartes Fleisch ist grätenarm und zerfällt nicht so leicht. Der mediterrane Seewolf, zum Unterschied vom Seewolf der Nordmeere auch Wolfsbarsch genannt, kann bis zu 80 cm lang werden.

1,5 kg Seewolf (2 Fische), Salz, 1 Eßlöffel Senf,
2 Tomaten, 2 Eßlöffel Semmelmehl,
80 g Butter, 1/4 l Weißwein, 2 Schalotten,
1 Bund Petersilie, 2 Knoblauchzehen

Fische vom Rücken her aufschneiden, ausnehmen und Gräten entfernen, die Filets auseinanderklappen, unter fließendem kaltem Wasser abspülen, mit Küchenkrepp trockentupfen, mit Salz einreiben und innen mit Senf bestreichen. Tomaten überbrühen, abziehen, entkernen und das Fruchtfleisch in feine Würfel schneiden, auf den Fischen verteilen und mit Semmelmehl bestreuen. Die Hälfte der Butter zerlassen und auf die Fische träufeln. Die Fische in eine Bratenform legen, die restliche Butter, den Wein, die gehackten Schalotten und die grob geschnittene Petersilie dazugeben, dann den fein gehackten Knoblauch aufstreuen. Die Seewölfe im vorgeheizten Backofen in 20–25 Minuten bei 200° C garen, aus der Form nehmen und auf einer vorgewärmten Platte warm halten. Fond durch ein Sieb geben, abschmecken und gesondert reichen. Dazu passen Dillkartoffeln und Staudenselleriesalat, als Getränk kommt ein französischer Landwein in Frage.

Gefüllte Seezungen nach der Fischerin

Von keinem anderen Fisch gibt es in der internationalen Küche so viele Spezialrezepte wie von der Seezunge, dem beliebtesten, freilich nicht in unbegrenzten Mengen erhältlichen Edelfisch aus der Gruppe der Plattfische. Man kann Seezungen im ganzen zubereiten oder die Filets verwenden. Der zarte Geschmack darf nicht durch allzu kräftiges Würzen und handfeste Zubereitungsarten überdeckt werden. Am besten schmecken die im Winter gefangenen Seezungen.

4 Seezungen, 2 Eßlöffel Zitronensaft, Salz, 1 Eßlöffel Mehl, 1 Ei, 2 Eßlöffel Semmelmehl, 40 g Butter; für die Soße: 30 g Butter, 30 g Mehl, 1/4 l Fleisch- oder Fischbrühe, 1 Dose Champignons, 100 g Nordseekrabben, weißer Pfeffer, 1/2 Bund Petersilie

Seezungen abziehen und ausnehmen, unter fließendem kaltem Wasser abspülen, mit Küchenkrepp trockentupfen. Auf einer Seite entlang der Mittelgräte einschneiden, die Filets lösen und nach innen einschlagen. Die Seezungen mit Zitronensaft beträufeln, 15 Minuten ziehen lassen, dann salzen, nacheinander in Mehl, verquirltem Ei und Semmelmehl wenden und in der Pfanne in heißer Butter goldbraun braten, auf einer vorgewärmten Platte anrichten. Für die Soße Mehl in heißer Butter anschwitzen, mit Fleisch- oder Fischbrühe und Champignonbrühe auffüllen, 8 Minuten durchkochen. Geschnittene Champignons und abgetropfte Krabben in der Soße heiß werden lassen, mit Salz, Zitronensaft und Pfeffer abschmecken und gehackte Petersilie hineingeben. Die Seezungen mit dem Ragout füllen. Dazu Petersilienkartoffeln oder Kartoffelpüree und frischen Salat reichen, als Getränk einen leichten Weißwein.

Seezungenröllchen mit Risotto

Das bei aller Zartheit feste Fleisch der Seezungen eignet sich gut für Röllchen wie die hier vorgeschlagenen — kombiniert mit zarter Soße und italienischem Risotto.

8 Seezungenfilets (etwa 600 g),
2 Eßlöffel Zitronensaft, Salz, 30 g Butter,
1/8 l Fleisch- oder Fischbrühe; für die Soße:
20 g Butter, 20 g Mehl,
3/8 l Fleisch- oder Fischbrühe, 1/8 l saure Sahne,
1 Prise Zucker, weißer Pfeffer,
1/2 Röhrchen Kapern, 1 Eigelb; für den Risotto:
1 kleine Zwiebel, 50 g Butter, 250 g Reis,
1/2 l Fleischbrühe, Salz; für die Garnierung:
1/2 Bund Petersilie, 1 Zitrone

Seezungenfilets unter fließendem kaltem Wasser abspülen, mit Küchenkrepp trockentupfen, mit Zitronensaft beträufeln und 15 Minuten ziehen lassen, dann salzen, zusammenrollen und mit Spießchen zusammenstecken. Die Seezungenröllchen von allen Seiten in Butter anbraten, dann Brühe angießen und die Röllchen zugedeckt 5 Minuten dünsten, herausnehmen und warmstellen. Für die Soße Mehl in heißer Butter anschwitzen, mit Brühe auffüllen und 8 Minuten durchkochen. Sahne und Kapern hineingeben, die Soße mit Zucker, Pfeffer, Salz und Zitronensaft abschmecken, von der Brennstelle nehmen und das verquirlte Eigelb hineinrühren. Für den Risotto Zwiebel fein hacken, in Butter hellgelb dünsten, den trocken abgeriebenen Reis dazugeben und unter Umrühren glasig rösten. Brühe angießen, den Reis im offenen Topf unter Umrühren aufkochen und zugedeckt bei schwacher Hitze in 18 Minuten gar quellen lassen. Seezungenröllchen mit Risotto und Soße servieren, dazu frischen Salat reichen. Als Getränk ist leichter Weißwein geeignet.

Steinbuttfilets mit Zitronenschaum

Neben der Seezunge gehört der Steinbutt, ein Plattfisch, der bis zu 50 kg schwer werden kann, zu den begehrtesten Speisefischen. Sein aromareiches Fleisch ist fest und saftig, es kommt für alle Zubereitungsarten in Frage. Steinbutt aus Winterfängen schmeckt am besten.

4 Steinbuttfilets (je 300 g),
2 Eßlöffel Zitronensaft; für den Sud:
1/4 l Weißwein, 1/8 l Fleischbrühe, 1 Zwiebel,
1 Lorbeerblatt, 6 Pfefferkörner,
2 Wacholderbeeren, Salz; für die Soße:
40 g Butter, 30 g Mehl, 1/2 l Fischsud,
Saft einer Zitrone, 4 Eigelb, Salz, weißer Pfeffer,
1 Prise Cayennepfeffer, 1/2 Bund Petersilie

Steinbuttfilets unter fließendem kaltem Wasser abspülen, mit Küchenkrepp trockentupfen und mit Zitronensaft beträufeln. Für den Fischsud Weißwein mit Fleischbrühe, grob geschnittener Zwiebel, Gewürzen und Salz aufkochen und 5 Minuten ziehen lassen, die Filets hineingeben und bei schwacher Hitze in 10–12 Minuten gar ziehen lassen, aber nicht zu weich kochen. Filets herausnehmen und auf einer vorgewärmten Platte anrichten. Den Sud durchsieben und auf 1/2 l ergänzen. Für die Soße Mehl in Butter anschwitzen, mit dem Fischsud aufgießen, unter Umrühren 8 Minuten durchkochen, dann den Zitronensaft hineinrühren. Eigelb schaumig schlagen. Soße im Wasserbad erhitzen und nach und nach das Eigelb hineinrühren. Die Soße bis zum Aufsteigen erhitzen, dabei ständig mit dem Schneebesen oder Handrührgerät schlagen, mit Salz, Pfeffer, Cayennepfeffer und Zitronensaft abschmecken. Den Fisch mit der Schaumsoße überzogen servieren. Dazu passen Reis und frischer Salat, als Getränk ein kräftiger Weißwein.

Störspießchen vom Grill

Der Stör, einst ein weit verbreiteter Süßwasserfisch mit einer im salzigen Meereswasser lebenden Verwandtschaft, ist so selten geworden, daß er in vielen Ländern unter Schutz gestellt wurde. Vor allem die im Kaspischen Meer lebenden Arten sind die Lieferanten von Kaviar — ein Störweibchen von 3 m Länge kann bis zu 3 Millionen Eier im Gesamtgewicht von 115 kg enthalten. Störe können über 500 kg schwer und sehr alt werden — man hat Exemplare gefangen, deren Alter auf über 150 Jahre geschätzt wurde. Das verhältnismäßig robuste Störfleisch verträgt kräftige Würzen. Damit es bei der Zubereitung nicht austrocknet, wird es in einer ölhaltigen Marinade gebeizt.

800 g Störfilet oder -kotelett;
für die Marinade: 5 Eßlöffel Olivenöl,
4 Eßlöffel Zitronensaft, 1 fein gewürfelte Zwiebel,
Salz, weißer Pfeffer, Edelsüßpaprika,
1 Prise Cayennepfeffer; 18 Lorbeerblätter

Störfleisch unter fließendem kaltem Wasser abspülen, abtropfen lassen und in große Gulaschwürfel schneiden. Marinadezutaten verrühren, das Störfleisch hineingeben und 3 Stunden zugedeckt in den Kühlschrank stellen, zwischendurch wenden. Lorbeerblätter mit kochendem Wasser überbrühen, 10 Minuten ziehen lassen, zum Abtropfen auf ein Sieb geben. Störwürfel abwechselnd mit Lorbeerblättern auf Spießchen stecken, mit Marinade bestrichen unter den vorgeheizten Grill schieben und von allen Seiten grillen, dabei hin und wieder mit Marinade bestreichen. Die Störspießchen zu frischem Kopfsalat und Meterbrot oder Kartoffelpüree reichen. Als Getränk kommt ein leichter Rotwein in Frage.

Störtebekersuppe

Diese klassische norddeutsche Fischsuppe trägt ihren Namen nach Klaus Störtebeker, dem Anführer der „Vitalienbrüder", die im 14. Jahrhundert als Seeräuber den Schiffen der Hanse in der Nordsee schwer zu schaffen machten. Störtebeker wurde 1401 geköpft — viele Sagen feiern ihn als Volkshelden.

750 g Seefisch (verschiedene Sorten),
2 Eßlöffel Zitronensaft, Salz; 1/2 l Wasser,
1/2 l Fisch- oder Fleischbrühe,
1 Päckchen Fischgewürz; 75 g Schalotten,
200 g Suppengemüse (Porree, Sellerie,
Mohrrüben, Petersilienwurzeln, Tomaten),
3 Eßlöffel Olivenöl, 1 Glas Weißwein,
10 g Speisestärke, 1 kleine Dose
Flußkrebsschwänze, 3 Eßlöffel gehackte Kräuter
(Petersilie, Dill, Schnittlauch, Basilikum),
4 Scheiben Toastbrot, 10 g Butter

Fisch vorbereiten, Köpfe, Schwänze und Flossen wegschneiden und das Fleisch nach Möglichkeit von Gräten befreien. Den Fisch unter fließendem kaltem Wasser abspülen, mit Küchenkrepp trockentupfen, in gleichmäßig große Stücke schneiden, mit Zitronensaft beträufeln und mit Salz bestreuen, etwas ziehen lassen. Wasser mit Brühe und Fischgewürz zum Kochen bringen, die Fischstücke hineingeben und garen, aber nicht zu weich kochen, dann herausnehmen und den Sud durchsieben. Geschnittene Schalotten und Gemüse in Öl andünsten, mit Fischsud angießen und 20 Minuten bei schwacher Hitze ziehen lassen. Weißwein angießen, die Suppe mit kalt angerührter Speisestärke leicht binden, abschmecken. Abgetropfte Krebsschwänze und Fischstücke in der Suppe heiß werden lassen, gehackte Kräuter aufstreuen. Toastbrot würfeln und anrösten, Brotwürfel gesondert zur Suppe reichen.

Thunfisch provenzalisch

Frisches Thunfischfleisch, das bei uns auf den Markt kommt, stammt im allgemeinen von dem im Mittelmeer und Atlantik verbreiteten rötlichfleischigen Roten Thun oder Blauflossenthun. Sein Rücken ist intensiv blau gefärbt, die Seiten und der Bauch erstrahlen silbern bis weiß. Vom Maul bis zur Körpermitte führt ein gelber Längsstreifen.

800 g frischer Thunfisch, Salz, Pfeffer,
3 Eßlöffel Olivenöl, 2 Eßlöffel Zitronensaft,
3 Eßlöffel gehackte Kräuter (Petersilie, Thymian,
Dill, Zitronenmelisse), 1 große Zwiebel,
4 Eßlöffel Olivenöl, 1 Knoblauchzehe,
500 g Tomaten, 1/8 l Weißwein,
2 Teelöffel Speisestärke

Thunfisch unter fließendem kaltem Wasser abspülen, mit Küchenkrepp trockentupfen, salzen und pfeffern. Olivenöl und Zitronensaft mit gehackten Kräutern mischen und über den Fisch geben, zugedeckt 2 Stunden im Kühlschrank ziehen lassen. Zwiebel hacken und in Olivenöl glasig dünsten. Den Thunfisch dazugeben und 10–12 Minuten anbraten, dabei wenden. Zerdrückte Knoblauchzehe hinzufügen. Tomaten überbrühen, abziehen, halbieren, entkernen und in Würfel schneiden, diese zum Fisch geben. 12–15 Minuten zugedeckt bei mittlerer Hitze schmoren. Weißwein angießen, die Form in den vorgeheizten Ofen schieben und den Fisch unzugedeckt bei 180° C 30–35 Minuten braten, zwischendurch mit Fond beschöpfen. Fisch auf einer vorgewärmten Platte anrichten. Den Fond mit kalt angerührter Speisestärke binden, abschmecken und durchsieben, über den Fisch gießen. Dazu Petersilienkartoffeln und frischen Salat reichen. Als Getränk wäre ein leichter Rotwein zu empfehlen.

Spanischer Thunfischsalat

Der zur Makrelenfamilie, den Scombriden, gehörende Thunfisch wird im Mittelmeer und Atlantik gefangen, kommt aber auch im Pazifik in riesigen Schwärmen vor. Nicht nur die Hochseefischer machen auf ihn Jagd, sondern auch die Sportangler, die ihm auf hoher See vom Boot aus nachstellen, ausgerüstet mit schwerem Angelgerät. Thunfische können länger als 3 m und schwerer als 500 kg werden. Sie sind anspruchsvolle und gefräßige Fischräuber mit schmackhaftem, an Kalbfleisch erinnerndem Fleisch, das je nach Thunfischart rötlichweiß oder auch weiß aussieht und ziemlich fett ist. Es wird frisch in Schnitten angeboten, konserviert in Öl oder auch geräuchert. Aus Thunfisch in Öl kann man herrliche Salate zaubern — zum Beispiel diesen:

1 Honigmelone (etwa 1 kg),
2 Dosen Thunfisch in Öl (je 185 g),
125 g gekochter Schinken,
1 kleine Dose Champignons,
3 Eßlöffel gefüllte Oliven, 1 Beutel Mayonnaise,
2 Eßlöffel Tomatenketchup, 1 Zwiebel,
Worcestersauce, Salz, 1 Prise Zucker,
2 Eßlöffel spanischer Brandy

Von der Melone Deckel abschneiden. Kerne herausschälen, Fruchtfleisch auslösen und in Würfel schneiden. Thunfisch abtropfen lassen und in Stückchen zerpflücken. Schinken in feine Streifen schneiden oder würfeln. Champignons und Oliven in dünne Scheiben schneiden. Mayonnaise mit Tomatenketchup, geriebener Zwiebel, Worcestersauce, Salz und Zucker vermischen, mit spanischem Brandy (oder Weinbrand) abschmecken. Salatzutaten mit der Soße vermengen und in die Melone füllen. 1 Stunde zugedeckt im Kühlschrank ziehen lassen, vor dem Auftragen nochmals vorsichtig durchmischen.

Tiefseegarnelen chinesische Art

Tiefseegarnelen gibt es in allen Meeresgegenden— vor Norwegen und Alaska ebenso wie in Fernost oder vor der afrikanischen Ostküste und in den australischen Meeren. Zu uns kommen aus diesen Fängen immer nur die tiefgefrorenen, geschälten „Schwänze" der Garnelen. Sie sehen blaßrosa aus, werden aber beim Kochen rosarot.

500 g tiefgefrorene Tiefseegarnelen,
2 Eßlöffel Zitronensaft, 1 Eiweiß,
1 Eßlöffel Speisestärke, Backfett oder -öl;
2 Zwiebeln, 175 g Bambussprossen (Dose),
1/2 Teelöffel gemahlener Ingwer, 1 Paprikaschote,
2 Teelöffel Curry, 1 Teelöffel Zucker,
2 Eßlöffel Sojasoße,
20 g eingeweichte chinesische Morcheln,
250 g Erbsen (Dose), 1 Schnapsglas Sake
oder Sherry

Aufgetaute Garnelen trockentupfen, mit Zitronen- saft beträufeln. Eiweiß mit Speisestärke verquirlen, die Garnelen darin wenden, in heißem Ausback- fett 4–5 Minuten fritieren, abtropfen lassen und warmstellen. Fein gewürfelte Zwiebeln und in Streifen geschnittene Bambussprossen in der Pfanne in etwas Fett andünsten, mit Ingwer wür- zen, etwas Bambusbrühe dazugeben und weiter- dünsten. Paprikaschote von Kernen und Scheide- wänden befreien, in Streifen schneiden und in die Pfanne geben, mitdünsten, mit Curry, Zucker und Sojasoße würzen. Abgetropfte Pilze und Erbsen und die Garnelen dazugeben, alles vorsichtig ver- mischen und erhitzen, dabei Sake oder Sherry angießen, ganz kurz durchschmoren und das Gericht mit körnig gekochtem Reis und Krupuk (fertig gekauft) zu Tisch geben. Dazu kann man chinesischen Tee oder Jasmintee als Getränk anbieten.

Tiefseegarnelen gebacken

Garnelen sind Meereskrebse unterschiedlicher Größe. Am kleinsten fallen die Nordseekrabben aus, die in Wirklichkeit keine Krabben, sondern auch Garnelen sind. Die größeren Garnelensorten kommen aus Meerestiefen bis zu 400 m, sie werden als Tiefseegarnelen, Grönlandkrabben oder Shrimps in den Handel gebracht und sind bis zu 12 cm lang.

350 g tiefgefrorene Tiefseegarnelen;
für die Marinade: 2 Eßlöffel Zitronensaft,
2 Eßlöffel Weinbrand, 1 Spritzer Tabascosauce,
Salz, weißer Pfeffer; für die Soße:
1/8 l Sahne, 2 Eßlöffel Orangensaft,
1 Eßlöffel Sherry, 1 Eßlöffel Tomatenketchup,
1 kleine geriebene Zwiebel,
1 Spritzer Tabascosauce, Cayennepfeffer, Salz,
1 Prise Zucker; für das Ausbacken:
2 Eßlöffel Mehl, 2 Eier, 3 Eßlöffel Semmelmehl,
Backfett

Garnelen nach Vorschrift auftauen lassen, unter fließendem kaltem Wasser abspülen und abtropfen lassen. Marinade aus Zitronensaft, Weinbrand, Tabascosauce, Salz und Pfeffer verrühren und die Garnelen darin 30 Minuten ziehen lassen, gelegentlich wenden. Für die Soße Sahne steif schlagen, mit Orangensaft, Sherry und Tomatenketchup verrühren, Zwiebel und Gewürze dazugeben und die Soße pikant abschmecken. Garnelen aus der Marinade nehmen, abtropfen lassen und mit Küchenkrepp trockentupfen, nacheinander in Mehl, verquirlten Eiern und Semmelmehl wenden, in heißem Fett schwimmend goldbraun backen und abtropfen lassen. Die Garnelen auf einer vorgewärmten Platte anrichten, die Soße gesondert reichen. Dazu kann man beliebigen frischen Salat auftischen. Als Getränk kommt Weißwein in Frage.

Gebratener Waller

Der Waller oder Wels, ein bis zu 1,50 m langer Raubfisch, lebt in Flüssen und Seen. Seine Bestände, beispielsweise in der Donau und Isar, sind allerdings begrenzt — man muß Glück haben, wenn man Scheiben (Steaks) von größeren Wallern oder ein Stück von einem kleineren Exemplar erwischt.

1 kg Waller, 2 Eßlöffel Zitronensaft;
für die Marinade: 4 Eßlöffel Olivenöl,
1/4 l Weißwein, 2–3 Eßlöffel gehackte Kräuter
(Petersilie, Dill, Basilikum, Schnittlauch),
Salz, 1 Prise weißer Pfeffer; 1/8 l saure Sahne,
2 Sardellenfilets, 1 Teelöffel Speisestärke,
Zitronensaft

Den vorbereiteten Fisch unter fließendem kaltem Wasser abspülen, mit Küchenkrepp trockentupfen, mit Zitronensaft beträufeln und 15 Minuten ziehen lassen. Für die Marinade Olivenöl mit Weißwein, Kräutern, Salz und Pfeffer verrühren. Den Fisch in die Marinade geben und 2 Stunden im Kühlschrank unter gelegentlichem Wenden ziehen lassen. In eine Bratenpfanne legen, in den vorgeheizten Ofen schieben und unter regelmäßigem Beschöpfen mit Marinade bei 180° C in 30–35 Minuten garen. Nach der halben Garzeit die Sahne angießen. Den Fisch mit Alufolie bedecken, wenn er zu schnell bräunt. Nach Ablauf der Garzeit den Fisch auf eine vorgewärmte Platte geben. Den Fond durch ein Sieb streichen, mit Wasser oder Weißwein auf 1/2 l ergänzen, gehackte Sardellenfilets hineingeben und die kalt angerührte Speisestärke hineinrühren, kurz aufkochen und mit Zitronensaft, Salz und Pfeffer abschmecken. Die Soße über den Fisch gießen. Dazu passen Petersilienkartoffeln und Salat, als Getränk ein leichter Rotwein oder ein kräftiger Weißwein.

Zander
Christophorus

Der Zander, in Österreich Schill oder Hechtbarsch genannt, in Ungarn als Fogosch bekannt, ist ein Raubfisch aus der Barschfamilie, der sich vorwiegend von Weißfischen ernährt und deshalb ein besonders delikates, zartes und weiches Fleisch aufzuweisen hat. Ältere Exemplare können bis zu 1,30 m lang und 15 kg schwer werden. Besser schmecken die bis zu 2 kg schweren Zander. Ihr Fleisch sollte möglichst frisch verwendet werden, es kommt für alle Zubereitungsarten in Frage, leidet aber beim Tiefgefrieren.

4 Zanderfilets (je 200–250 g),
2 Eßlöffel Zitronensaft, 2 Eßlöffel Mehl, Salz,
2 Eier, 6 frische Salbeiblätter oder 1 Teelöffel
zerriebener Salbei, 50 g Butter;
für die Garnierung: 4 Tomaten, 20 g Butter,
4 Artischockenböden (Dose), 4 Sardellenfilets,
2 hartgekochte Eier

Zanderfilets unter fließendem kaltem Wasser abspülen, mit Küchenkrepp trockentupfen und mit Zitronensaft beträufeln, 15 Minuten ziehen lassen. Filets nacheinander in dem mit Salz vermischten Mehl und in den mit gehackten Salbeiblättern verquirlten Eiern wenden, in der Pfanne in heißer Butter beiderseits je 4–5 Minuten braten und auf eine vorgewärmte Platte geben. Tomaten waschen, kreuzweise einschneiden und in jede etwas Butter geben, unter dem vorgeheizten Grill 10 Minuten grillen. Die Zanderfilets damit umlegen, mit abgetropften Artischockenböden belegen und darauf je ein gerolltes Sardellenfilet geben. Eier schälen und vierteln, die Fischplatte damit garnieren. Dazu kann man Butter- oder Dillkartoffeln und Chicoréesalat anbieten, als Getränk einen zarten Weißwein.

Bildquellen

Peter Carmichael: 8, 9
Ilse Collignon: 6
Mary Evans Picture Library: 19
Fischereiwirtschaftliches Marketinginstitut: 30/31
Gruner & Jahr: 26/27 (Moldvay), 38/39
(Volker Krämer), 50/51 (Hansen)
Hans Huber: 202/203
Meine Familie und ich: 13 (Ulrich Kerth), 47, 49
Werner H. Müller: 41
H. Müller-Brunke: 22/23, 32/33, 42/43
Rosgartenmuseum, Konstanz: 11
Verlagsarchiv: 16/17

Die Abbildungen auf Seite 2 und 35 wurden re-
produziert nach dem Fischereibuch Kaiser Maximilians I. in der Ausgabe Innsbruck 1901, heraus-
gegeben von Michael Mayr.

*Mit diesem Bild des Fischereihafens von Palamos
an der Costa Brava in Spanien beenden wir
unsere Rundreise durch die Welt der Fische,
Muscheln, Krebse, der Häfen, Schiffe und Meere
und hoffen, daß Ihnen das Thema Spaß gemacht
hat.*

Die Gerichte alphabetisch

Soweit nicht anders angegeben, sind die Zutaten für vier Personen berechnet.